教师学概论

诸 园 / 编著

中国科学技术大学出版社

内 容 简 介

本书是一本专门以教师为研究对象的导入性读物,从文化史、伦理学、职业素养、语言学、中国式教育现代化、教育扶贫及教育理论研究前沿等多元视角,深入探讨了教师的历史流变、伦理身份、职业道德修养、角色隐喻、专业发展、教育扶贫实践以及角色变革等核心议题,通过丰富的案例和理论阐释,揭示了教师在教育过程中的重要地位和作用,为教师的专业成长和教育实践提供了有力的理论支撑和实践指导。

本书适合高校师范类专业学生和中小学教师阅读参考。

图书在版编目(CIP)数据

教师学概论/诸园编著. ——合肥:中国科学技术大学出版社,2024.4
ISBN 978-7-312-05958-2

Ⅰ.教…　Ⅱ.诸…　Ⅲ.师资培养　Ⅳ.G451.2

中国国家版本馆 CIP 数据核字(2024)第 067844 号

教师学概论

JIAOSHI XUE GAILUN

出版	中国科学技术大学出版社
	安徽省合肥市金寨路96号,230026
	http://press.ustc.edu.cn
	https://zgkxjsdxcbs.tmall.com
印刷	合肥华苑印刷包装有限公司
发行	中国科学技术大学出版社
开本	710 mm×1000 mm　1/16
印张	11.25
字数	221千
版次	2024年4月第1版
印次	2024年4月第1次印刷
定价	40.00元

前　言

党的二十大提出加强师德师风建设,培养高素质教师队伍,弘扬尊师重教社会风尚。教师是教育发展中最具能动性、主体性和关键性的要素,推进教师专业化的深入发展,培育高素质的专业化创新型教师队伍,是中国式教育现代化的重要依托。虽然学界已经意识到教师职业的重要性,但其理论研究、内核阐明与发展规划等方面还有待进一步思考。尤其是在建设中国式教育现代化的进程中,社会赋予了教师新的角色身份,学界对教师有了新的理论研究,例如,对于教育家精神的阐述、对教师角色的时代表征的论述、对数智时代教师专业发展的表述。为此,本人编写了《教师学概论》。

《教师学概论》作为专门以教师为研究对象的导入性读物,基于文化史、伦理学、职业素养、语言学、中国式教育现代化、教育扶贫及教育理论研究前沿等多元视角,将十年来的理论成果按照专题形式进行分析与探究,以期推动教师专业发展和教师教育水平的提高,并由此提升教师专业实践的品质。

教师学属于教育科学体系的一个分支,随着对教育学相关问题研究的不断深入,教师学的研究范畴亦应得到相应的拓展。本书的编写遵循从宏观到微观、从理论到实践、从群体到个体的脉络,以揭示教师职业与个体发展的规律。

本书具有如下特点:① 编写风格上体现时代性。编写内容融汇了中国式教育现代化、数智时代、教育数字化等最新的时代论题。② 内容设置上体现理论性与实践性的统一。从学理角度研究教师,同时也结合教学案例,力求呈现理论与实践融合的全景画面。③ 教材体现应用性。本书既面向行业实际,又兼顾教育发展需要,充分体现了应用性。

全书共八个部分:

绪论主要探讨了教师学研究对象、内容和方法,以及教师学研究的意义和国内外研究现状。

第一章从文化史的角度切入,在东西方文化背景下探寻教师的历史流变,并得出关于"教师是谁"的本体性思考。

第二章从伦理学的角度出发,主要探析了教师教育者的伦理身份和教师伦理身份的时代表征。

第三章探讨了新时代教师的职业素养问题,主要探讨了教师的职业道德修养、知识素养、能力素养以及数字素养。

第四章从语言学的角度,对传统教师角色隐喻融入现代教育进行反思与展望。

第五章从新的时代背景出发,探讨中国式教育现代化视角下教师专业发展的问题,包括教师专业发展的取向、阶段、影响因素及拓宽路径。

第六章精选了一位援疆教师的教育扶贫之路作为案例,总结了该教师的五个教育扶贫故事,从中探究教师专业情意在教师不同的专业发展阶段中发挥的作用。案例中综合运用了中国教育扶贫理论、教师专业发展理论、教师专业情意理论、教师角色理论以及教师协同学习共同体理论等。

第七章探讨了教育理论研究前沿中教师的角色变革,主要探析了教师作为有机知识分子、批判性思维的教育者与数字移民为何与何为。

本书为2023年度安徽省高等学校质量工程"教材建设"项目"教师学概论"的建设成果,并获得安庆师范大学教材建设与出版基金资助。

本书在写作中参阅了学术同仁的研究成果,在此一并致以诚挚的谢意。感谢鲍慧、郝梦冉、屠静雯、钱泳为本书的撰写提供相关资料。由于本人的水平所限,书中难免存在不妥之处,恳请各位读者不吝赐教,在此表示衷心感谢!

编 者

目　　录

前言 ……………………………………………………………………（ⅰ）

绪论　教师学及其发展 ……………………………………………（ 1 ）
第一节　教师学及其研究对象 …………………………………（ 1 ）
第二节　教师职业的产生与发展 ………………………………（ 3 ）
第三节　学习和研究教师学的方法 ……………………………（ 8 ）

第一章　中西方视野中教师的流变 ………………………………（ 16 ）
第一节　西方视野中的教师流变 ………………………………（ 16 ）
第二节　中国文化视野中的教师流变 …………………………（ 24 ）
第三节　教师是谁——基于古今之变的视角 …………………（ 29 ）

第二章　教师身份的伦理表征 ……………………………………（ 37 ）
第一节　教师身份的概念 ………………………………………（ 37 ）
第二节　教师教育者身份的伦理表征 …………………………（ 41 ）
第三节　教师伦理身份的时代表征 ……………………………（ 49 ）

第三章　新时代教师的职业素养 …………………………………（ 58 ）
第一节　教师职业道德修养 ……………………………………（ 58 ）
第二节　教师知识素养 …………………………………………（ 64 ）
第三节　教师能力素养 …………………………………………（ 69 ）
第四节　教师数字素养 …………………………………………（ 75 ）

第四章　教师隐喻的现代性反思 …………………………………（ 83 ）
第一节　教师是警察——对教师权威性的反思 ………………（ 83 ）
第二节　教师是园丁——对教师专业重复性的反思 …………（ 89 ）
第三节　教师是蜡烛——对教师可持续发展的反思 …………（ 93 ）
第四节　教师是人类灵魂的工程师——对教师职业价值的反思 …（ 99 ）

第五章　中国式教育现代化背景下教师专业发展 ………………（106）
第一节　教师专业发展的多元取向 ……………………………（106）
第二节　教师专业发展的多重阶段 ……………………………（114）
第三节　教师专业发展的拓宽路径 ……………………………（121）

第六章　教师教育的案例分析 ……………………………………………（132）
　第一节　一位援疆教师的教育扶贫之路 ………………………………（132）
　第二节　《一位援疆教师的教育扶贫之路》教学指导手册 ……………（148）

第七章　教育理论研究前沿 ……………………………………………（159）
　第一节　教师作为有机知识分子：为何与何为 ………………………（159）
　第二节　教师作为批判性思维教育者：为何与何为 …………………（164）
　第三节　教师作为数字移民：为何与何为 ……………………………（167）

参考文献 …………………………………………………………………（173）

绪论 教师学及其发展

教师学是一门研究教师教育活动及其内在规律的科学。"教师学基础",又称为"教师学",是一门教授和学习教师学的基本概念、基本理论和基本知识,揭示教师发展规律的课程。这里的教师既可以指教师群体,也指教师个体。

第一节 教师学及其研究对象

一、教师学和教育科学

教育科学是对运用科学方法研究人类教育活动的诸多学科的总称,这些学科都以人类社会的教育现象为研究对象,分别从不同角度、不同层次、不同方面探索和揭示教育规律。教师学是教育科学体系中一个新型的基础学科,处于教育科学体系二级学科,在教育科学体系的多种学科中,它侧重探讨教师研究的基本规律、基本原理和基本方法。

教师学虽然建立在经验基础之上,但是只有在经历了理论化、系统化和科学化之后,才能成为一门独立的学科,因而它既不是关于教育规律的主观臆测,也不是教育经验的简单汇编,更不是针对教育现象的情感抒发,教师学讲究的是以科学事实为基础的理性和逻辑,这是它发现、揭示和论证真理的基本方式和基本路径。教师学在理性和逻辑的指引下,通过对教师这一独特职业(专业)和群体进行科学的研究,进而提出假设并对假设进行合乎逻辑的证明,以发现和揭示教师职业(专业)发展的规律。

二、教师学的研究对象

教师学的研究对象是教师的教育活动,其中既包括作为个体的教师的教育活动,也包括作为群体的教师的教育活动。教师学从个体、群体、国家和民族乃至全人类的视角,对教师的教育活动展开研究,从而在微观、中观、宏观等不同层面描述教师活动的现象,揭示和探讨其中的基本规律、基本原理和基本方法,进而指导教师在不同层次的活动。

作为教师学的研究对象,不同层次的教师活动都展现了教育现象的丰富性和复杂性,我们在学习和研究教师学时,一定要从辩证唯物主义的视角看待问题,避免简单片面的思维方式。在个体层面上,首先必须要明确一点,教师是教育者,但是教育者未必都是教师。因此,可以从教育者与教师的共性方面考虑个体教师的特点。

1. 从教育学角度来理解教师

首先,"师者,传道授业解惑"。教师是人类历史上古老的职业之一,也是最伟大、最神圣的职业之一。① 其次,教师是享有国家规定的权利和义务的人。《中华人民共和国教师法》第七条规定教师享有以下权利:(1)进行教育教学活动,开展教学改革和实验;(2)从事科学研究、学术交流,参加专业的学术团体,在学术活动中充分发表意见;(3)指导学生的学习和发展,评定学生的品行和学业成绩;(4)按时获取工资报酬,享受国家规定的福利待遇以及寒暑假期的带薪休假;(5)对学校教育教学、管理工作和教育行政部门的工作提出意见和建议,通过教职工代表大会或者其他形式,参与学校的民主管理;(6)参加进修或者其他方式的培训。《中华人民共和国教师法》第八条规定了教师应当履行以下义务:(1)遵守宪法、法律和职业道德,为人师表;(2)贯彻国家的教育方针,遵守规章制度,执行学校的教学计划,履行教师聘约,完成教育教学工作任务;(3)对学生进行宪法所确定的基本原则的教育和爱国主义、民族团结的教育,法制教育以及思想品德、文化、科学技术教育,组织、带领学生开展有益的社会活动;(4)关心、爱护全体学生,尊重学生人格,促进学生在品德、智力、体质等方面全面发展;(5)制止有害于学生的行为或者其他侵犯学生合法权益的行为,批评和抵制有害于学生健康成长的现象;(6)不断提高思想政治觉悟和教育教学业务水平。上述关于教师义务的表述可以概括为:遵守国家法律的义务、弘扬高尚师德的义务、完成教育教学工作的义务、对学生进行爱国教育的义务、促进全体学生全面发展的义务、维护学生合法权益的义务、提高政治素质和业务水平的义务。

2. 从人类学角度来理解教师

可以从进化论范式、历史人类学、哲学人类学、文化人类学以及艺术人类学等视角来研究教师。首先,进化论范式要求将人作为"受教育的动物",从基因发生学视角思考教师的"进化与教育"的关系。其次,历史人类学范式要求理解人本身和人所拥有的各种教育关系,要在历史学和人类学的互动中,尝试改变传统的教育对"教师形象"的理解。追溯人类起源和人类受教育的历史,将人类学的开放特征和

---

① 习近平.做党和人民满意的好老师:同北京师范大学师生代表座谈时的讲话[N].人民日报,2014-09-10(001).

教育学意向特征结合起来,研究教师作为人的发展的全面性和局限性之间的张力,以及教育目的可能性和限度。再次,哲学人类学范式要求探究教师作为人的普遍性知识,试图找到人之所以为人的特质,通过对人的规律性认识,推及教师群体或者个体的规律性认识。最后,艺术人类学要求"身体回归"。美学人类学将文化作为艺术和审美活动产生的土壤,将审美和艺术置于文化的根系中。重新审视美的研究传统,深度挖掘教师"美"的精神、情感、兴趣等内涵。

第二节 教师职业的产生与发展

一、教师职业的历史回顾

教师职业是世界上古老的职业之一,伴随着人类社会的存在而存在。我们在现代语境下谈"师"时,往往指称其为传授知识、技术的人,即教师。然而追溯"师"早期内涵可知,其概念最初与教育者并无直接关系,而是在发展中逐渐积累了教育者的意义,到春秋战国时期,教事喻德才真正成为"师"的主要意蕴。初具教育者意蕴的"师"是王官体制内的"职官之师"。"职官之师"是指王官体制内兼任教育、从事教育活动且具有专业技能的职官。"六艺"是西周贵族必备的知识技能,"国之大事,在祀与戎",大学选择礼、乐、射、御作为教育的主要内容,"乐""射"技术性强,"射"是当时军官的主要训练内容,因此"射"的教师就由"师"兼任,"师"便成为教师的称谓。到西周时期,"师"开始被借用来泛指技术性职官,这些技术性职官兼有教育职责,因此,"师"逐渐积累起教育者的内涵。"职官之师"的主要职能是传授专业理论和技能。在《论语》《孟子》和《荀子》中,"师"作为职官所涵盖的范围空前广泛,几乎覆盖社会生活乃至行政管理的各个领域,强调各司其职不相互逾越。既为职官,"师"本质上隶属臣类,自觉践行臣道,唯君命是从。先秦时期,"师"的身份认定多以从事的专业为依据,而不重视对礼义的担当、对真理的追求以及对社会活动参与程度的考察。正因如此,从孔子开始,削弱了"师"的官职势力,强化"师"作为一般文化人的意识,赋予"师"不同于官职名的崭新意义,这也是孟子和荀子极力推崇"师"具有独立人格、自由意志以及能与"天地君亲"并列的根本所在,"师"脱离政治权力束缚的超越性,不在于职官所被赋予的臣道属性,而来源于教化万民、传承礼乐文化的人道属性。

在儒学的王道信仰中,人分为圣人、贤人、君子、士人、庸人,圣贤即是圣人与贤人的合称。古之圣贤的判定标准有两个基本维度:一是"言足法于天下",引领思想文化发展之基本路径、基础原则与方向之人;二是"德配天""若天之司""博施于民而能济众"之人。他们既是思想文化的奠基者和引领者,又是健顺天地万物之秩序(礼),给黎民百姓带来爱和福祉(仁)的人。区别于"职官之师"的政治身份,社会"圣贤之师"更强调向民众"布道",在传承知识的同时自觉承担伦理建构、教化民众的任务,履行重要社会职责,这些为社会公益之事提供帮助且具备崇高人格、超凡才智的社会圣贤,在主观上具有强烈的终极关怀意识——对生命意义、对人的自我认识、对完成社会和君王赋予的政治使命的责任感。孔子认为,爱众亲仁为仁爱之师;孟子认为,以道自任为圣人之师;荀子认为,治教合一为圣王之师。

由此可见,古代对教师职业的理解经历了三个阶段,分别是:① 儒家"师"主体意识觉醒:从臣属思维到社会关怀;② 儒家"师"觉解境界提升:从专业到志业;③ 儒家"师道""君道"的关系:从统一到分化再到联合。

二、中国式教育现代化与现代教师

党的二十大报告提出:"全面建成社会主义现代化强国、实现第二个百年奋斗目标,以中国式现代化全面推进中华民族伟大复兴。"[1]中国式教育现代化之路是社会主义现代化强国建设的时代诉求。中国式教育现代化立足于中国共产党长期探索教育现代化的基本经验。中国式教育现代化来自于新时代我国教育改革发展实践的创新和探索。中国式教育现代化植根于马克思的现代大生产理论及现代性思想,其中蕴含着中华传统优秀文化的独特基因,同时也包含着对西方教育现代化理论的反思与批判。

中国式教育现代化是中国共产党领导全国各族人民在百年教育实践中独立自主探索出的中国特色社会主义教育现代化,是具有中国特色、扎根悠久历史、人全面发展、高质量发展、追求更加公平、共建共治共享、开放交流包容、评价体系多元的教育现代化。中国式教育现代化是中国共产党领导中国教育在世界教育现代化进程中开创的教育发展新形态、新模式,超越了西方教育现代化的既定模式,开拓了契合中国实际、合乎全球发展态势、符合人民利益诉求的中国特色社会主义教育现代化,拥有独特而丰富的科学内涵。

首先,中国式教育现代化是具有中国特色、扎根悠久历史的教育现代化。"中国教育必须按中国的特点和中国的实际办"。[2] 中国是典型的后发外源型教育现代化国家,中国式教育现代化既不完全延续中国传统教育的模式,也不完全简单照搬西方教育的内容。中国式教育现代化要在马克思主义的指导下,探索具有中国特色的社会主义教育现代化。因此,在中国式教育现代化背景下,现代教师必须是

---

[1] 习近平.高举中国特色社会主义伟大旗帜 为全面建设社会主义现代化国家而团结奋斗:在中国共产党第二十次全国代表大会上的报告[M].北京:人民出版社,2022:21.

[2] 习近平.坚持中国特色社会主义教育发展道路,培养德智体美劳全面发展的社会主义建设者和接班人[N].人民日报,2018-09-11(001).

经师与人师的统一者。2022年4月5日,习近平总书记在中国人民大学同师生座谈时的讲话中指出,"培养社会主义建设者和接班人,迫切要求我们的教师既精通专业知识,做好'经师',又涵养德行,成为'人师',努力做精于传道授业解惑的经师与人师的统一者"。

其次,中国式教育现代化是高质量发展的教育现代化。随着我国经济"由高速增长阶段转向高质量发展阶段",教育现代化也进入了内涵式发展阶段,高质量发展成为中国式教育现代化的核心任务和时代主题。党的二十大报告提出将"加快建设高质量教育体系"作为办好人民满意教育的重要任务,这凸显了中国式教育现代化中高质量发展的引领作用。要想在21世纪中叶把我国建设成为综合国力和世界影响力领先的社会主义现代化教育强国,必须在基本实现教育现代化的基础上,着力推进高质量发展的中国式教育现代化,以优质的教育供给满足人民群众对教育的合理需求。因此,高质量发展的教育现代化要求教师要成为大先生。2021年4月19日,习近平总书记在清华大学出席师生代表座谈会时指出,"教师要成为大先生,做学生为学、为事、为人的示范,促进学生成长为全面发展的人",同时还要成为学生成长的引路人。2021年9月8日,习近平总书记给全国高校黄大年式教师团队代表的回信中指出:"真正把为学、为事、为人统一起来,当好学生成长的引路人,为培养德智体美劳全面发展的社会主义建设者和接班人、全面建设社会主义现代化国家不断作出新贡献。"

再次,中国式教育现代化是开放包容的教育现代化。中国式教育现代化深嵌于世界教育现代化的历史进程中,努力实现从"被动响应"到"主动融入"再到"引领世界"的历史性转变。它既根植于中华文明的历史沃土,也汲取了世界文明的有益养分;既离不开本民族文化的滋养,也离不开各种文明的交流互鉴。面对世界百年未有之大变局,中国式教育现代化要在"构建人类命运共同体"的国际语境下实施更加积极主动的教育对外开放战略,坚持高水平教育对外开放,搭建交流互鉴、平等互信的桥梁纽带,将开放包容、合作共赢的中国精神融入世界教育现代化的时代浪潮,构建更大范围、更宽领域、更深层次的教育对外开放新格局。因此,在开放包容的教育现代化进程中,教师应该是具有人类共同体这个大格局的群体。心怀天下,具有宽阔的视野,做人类文明的传承者。2018年9月10日,习近平总书记在全国教育大会上发表重要讲话时指出:"教师是人类灵魂的工程师,是人类文明的传承者,承载着传播知识、传播思想、传播真理,塑造灵魂、塑造生命、塑造新人的时代重任。"

最后,中国式教育现代化是评价体系多元的教育现代化。新中国成立以来,经过不懈探索和努力,我国在推进教育现代化的过程中基本形成了覆盖各学段、各层次、各类型教育的评价体系。但由于我国教育规模巨大、体系庞杂、内容繁多,教育评价体系表现出与中国式教育现代化不相适应的突出问题,唯分数、唯升学、唯文凭、唯论文、唯帽子(简称"五维")的沉疴宿疾根深蒂固,不科学的评价导向亟须扭转,各级各类教育的评级体系亟待完善。中国式教育现代化要求克服"五唯"顽瘴痼疾,扭转不科学的评价导向,坚持问题导向、科学有效、统筹兼顾、中国特色的基本原则,监督各级党委和政府科学履责,建立健全学校、学生、教师、教育工作的评价体系,完善社会选人用人评价办法,加快建构富有时代特征、彰显中国特色、体现世界水平的多元分类、科学专业的现代教育评价体系。教师是教育改革的奋进者、教育扶贫的先行者、学生成长的引导者。2015年9月9日,习近平总书记在给"国培计划(2014)"北京师范大学贵州研修班参训教师的回信中指出:"希望你们牢记使命、不忘初衷,扎根西部,服务学生,努力做教育改革的奋进者,教育扶贫的先行者,学生成长的引导者,为贫困地区教育事业发展、为祖国下一代健康成长继续作出自己的贡献。"

三、未来数智时代的教师展望

数字技术对教育教学影响至深,其"直接摧毁传统守旧的教育生态,重塑一个开放创新的新教育生态"①。数字时代教育领域的生态场域将发生很大变化。

(一)教师与教育知识观的变革

"从根本上说,知识的概念与教育的概念是无法分离的,因而,我们对关于知识和认识方面可能存在的许多问题的回答,对教育者如何思考和行动将有重大影响。"数字时代的到来实现了从"权威型"知识观到"批判型"知识观的转型,牵动着课程观、教学观、学习观等的深刻变革,使知识成为个体人性解放的"钥匙",使知识的学习过程成为个体通往真实情景的桥梁。②因此,教师从知识传递者变成了知识协同者。为顺应数字时代的发展,实现传道授业、教书育人的价值使命,教师需肩负起知识的协同者角色。具体来说,教师应在充分理解与把握数字化对知识形态与性质变革的基础之上,在适当的时空场域,将符合学生认知特点与思维特质的量身定制式知识通过适切的媒介推介给学生,进而达致主体间"并行"(Parallel)或"串行"(Serial)的知识协同与知识共享。教师作为知识协同者角色的形塑,能够为置身于信息海洋中的学生提供指引,帮助学生将信息转化为知识,增加学生知识的系统性、完整性和实用性。

(二)教师与教育主体观的转变

随着数字时代的到来,教育教学在内容、环境、方式等方面发生了深刻变革,而此种变革亦推动着教育主体观由"主体性"向"主体间性"置换与位移。"主体间性"

---

① 赵国庆."互联网+教育":机遇、挑战与应对[N].光明日报,2015-06-09.
② 余宏亮.数字时代教师角色的变革与重塑[J].内蒙古社会科学(汉文版),2018,39(5):172-176.

教学场域下的教育主体观扬弃了传统主客二分的思维范式,符合数字技术发展的最新成果,认为教师、学生应以"承认""交往""共在"为纽带而联系在一起,两者相辅相成、和合共生。进而言之,在"主体间性"教学场域之中,教师成为教学的组织者、学习的促进者以及资源的提供者,学生成为问题的提出者、知识的探索者以及学习的评价者。教师作为知识内容专家的角色定位有所弱化。然而,教师角色的"下移"能够增强教师的主体性,发挥教师的创造力;学生作为知识"接收器"的角色发生转变,成为知识的主动探究者与发现者,主体性地位得以彰显。概而言之,数字时代生成的"主体间性"教育主体观充分发挥了教师和学生的价值主体作用,使两者成为教学有机统一体,在教学场域之中实现精神的相遇、灵魂的相通,进而构建和谐共生的教学格局。因此,教师从课程执行者变成课程研发者。在数字时代,如何使技术更好地服务知识创造,使知识更好地反推技术革新,以建构智慧型课堂,促进学生的生命性发展,势必成为教师不可回避的命题。顺应时代诉求,教师应摒弃课程执行者的传统角色,向课程研发者转型。具体来说,教师作为课程研发者,需要建构"全时空交互式"学习环境、发展"个性化菜单式"学习资源。一方面,教师应利用数字技术为学生创造虚实融合的交互式学习情境,使学生在仿真的情境之中体验学习的乐趣,以调动学生的积极性和主动性;另一方面,教师能够利用新技术,根据学生的个人需要,为学生提供自主探究学习所需的信息和资源,以充分发挥教师在学生学习中的"脚手架"作用。

(三)教师与教育环境的更迭

进入数字时代,教育环境实现了从"第一世界"到"第三世界"的现实转向。"第三世界"教育环境以其灵活性、交互性、共享性的价值特质,通过非接触式射频识别(RFID)、近距离无线通信技术(NFC)、二维码等情境感知技术[①],为教学提供了一种虚实融合的生成空间、互通互联的网络业态,使个体处于一种开放、联通的学习环境之中。学校的边界开始模糊,教师的定义开始宽泛,学生的学习方式、学习场域开始超越物理时空,把真实的世界缩小到虚拟的局域网中,为个体创造一种真实世界的"影像",进而提供自由探索的场域。学生不再是"被圈养的"被动性存在,其身心得到了舒展与解放,他们学会在信息世界中"猎食",自主筹划并主动转向自我的生命性完善。因此,教师从学习监管者变成学习引导者。首先,作为生命性个体,学生具有差异化的思维特质与能力特征。其次,网络技术的新发展打破了教学活动的时空界限,教师和学生之间的学习与互动不仅可以发生于真实空间,亦可以发生于虚拟空间。

---

① 余胜泉,王阿习."互联网+教育"的变革路径[J].中国电化教育,2016(10):1-9.

第三节 学习和研究教师学的方法

一、质的研究

质的研究(qualitative research)作为一种与量的研究有着明显区别的研究范式,在社会科学研究中已经受到越来越多人的认同。在教育科学研究中应用质的研究方法也有增加的趋势,这是人们对教育现象特点的认识,以及几十年来在研究方法论上争辩的一个必然结果。近年来,质的研究方法在国际教育研究中受到重视。在我国香港地区、台湾地区以及新加坡等地区,有人将质的研究译为"质的研究""质化研究""定质研究"等。陈向明教授认为,质的研究是以研究者本人作为研究工具,在自然情景下采用多种资料收集方法对社会现象进行整体性探究,使用归纳法分析资料和形成理论,通过与研究对象互动对其行为和意义建构获得解释性理解的一种活动。以下介绍的几种方法都属于质的研究的范畴。

(一) 个案研究

个案研究是对单一的研究对象进行深入而具体的研究的方法。个案研究的对象可以是个人,也可以是个别团体或机构。个案研究一般对研究对象的一些典型特征做全面、深入的考察和分析,也就是所谓"解剖麻雀"的方法。同时,个案研究不仅停留在对个案的研究和认识的水平上,而且需要明确教育与发展之间的因果关系,从而提出一些积极的教育对策。个案研究具有以下特点:

(1) 研究对象的特殊性。个案对象的确定一般多采取有意抽样法,也称目的抽样法,即按照研究者对特殊问题的研究目的、要求,在特定的范围内选取特定的对象。

(2) 实施方法的综合性。实施方法需要根据具体对象的特点和具体任务的不同,综合应用观察、访谈、问卷、作品分析、测验等一连串直接或间接的资料。

(3) 资料来源的多元性。个案研究要求通过周期较长的纵深调查,在自然(不加控制)过程中,从各种角度系统搜集有关研究对象的一切资料,以详尽地了解并准确地分析其发展变化的连续过程和量变质变的规律。

个案研究一般包括四个步骤:确定案例、实地调查、整理记录、撰写报告。

(1) 选择案例并确定获得研究该个案权利的可能性。大多数个案的确定都有一定的偶然性,它往往是研究人员对可进行研究的许多个案中的一个产生兴趣的结果。

(2) 实地调查。实地调查是指在现场或现场附近寻找、收集和组织有关事件或现象的信息。这一过程不仅包含现场所做的研究调查工作,还包括现场研究的间隙,以及闲暇时所做的工作。实地调查包括:收集资料、观察、测量或收集统计数据。

(3) 整理记录。到这一阶段,研究者手中已有很多文件、观察笔记、面谈记录和统计数据,需要对这些材料进行归纳整理和筛选。

(4) 撰写报告。基本资料的撰写,包括:姓名、性别、年龄等;介绍个案来源;对主要问题进行概述;背景资料,主要包括家庭背景、教育背景和职业生涯等。

个案研究是一种特别适合教师使用的方法。从一定意义上说,每位教师都应该是一名教育研究者。但由于教师的主要时间和精力还是放在教学和教育工作上,因此开展大规模的教育调查和严格控制实验往往有一定困难。而个案研究的对象少,研究规模也较小;同时个案研究一般都是在没有控制的自然状态中进行的,不需要在一段时间内突击完成,所以个案研究特别适合教师的研究。

(二) 行动研究

行动研究是指由社会情景的参与者,为提高对所从事的社会实践的理性认识、为加深对实践活动及其依赖的背景的理解而进行的反思研究。它具有以下特点:

(1) 行动研究是一种以解决教育中某一实际问题为导向的现场研究法。科研人员和实践工作者基于实际教育工作的需要,将实际问题发展为研究课题,并将解决问题的方法作为变量,在全程研究中逐个加以检验。

(2) 行动研究是以实践经验为基础的研究方法。行动研究依据的是观察和行动的记录,目的是通过有计划的干预,改变所需改变的行为,并以观察、记录信息作为研究发展的推动力,这比纯理论研究更有利于结果的检验。因此,这一特点也是行动研究区别于纯实验研究的重要特性。

(3) 行动研究是以小组成员间的互相合作来进行的研究方法。行动研究的研究小组通常由研究人员、教师、行政领导乃至学生家长联合组成。研究人员起咨询指导作用,行政领导起保障作用,教师起研究、反馈作用,学生家长起监督作用,他们取长补短,各司其职,相互交换意见,形成整体合力。

行动研究主要包括以下几个步骤:

(1) 预诊。在学校工作中坚持用分析和评判的眼光对待每一个看似平常的问题,并根据实际情况进行诊断,得出改变行动的最初设想。

(2) 初步研究。成立由研究者、教师和行政人员等组成的研究小组,对预诊中发现的问题进行初步讨论,各人充分发表各自对问题的意见和看法。进行初步研究时,研究小组的成员首先必须做到尽可能地收集资料,包括所有与这一问题有关的文字、图片、录音、录像或是学校的总结报告、问题分析等资料,并且将在小组讨论中得到的相关启示反馈给全体教师,听取他们的意见,以便为总体计划的拟定做好诊断性评价。

（3）拟定总体计划。这是最初设想的一个系统化计划，也是行动研究法各个步骤得以落实的蓝图。虽说是总体计划，但它并非一成不变。当具体行动中反馈信息与总体计划相偏离时，则需要对总体计划进行修订更改，因为行动研究法的本质特点在于它是一个开放的动态系统。

（4）制订具体计划。即总体计划实现的具体措施，它的先后顺序安排将以实际问题解决的需要为前提。有了它，才能指导下一步行动。

（5）行动。这是落实具体计划的重要一环，也是整个研究工作成败的关键。因为这里所说的行动，并非对原先行动的简单重复，而是在基本设想、总体计划、具体计划的指导下，在研究人员、行动人员、教师的共同协助下，对原先的行动加以干预控制的基础上，代之以研究所要形成的行动的过程，而且每一步行动结果的评价对整个研究进程都会产生影响。如果评价的结果反馈所有的设想、计划都是可行的，则进入第二步具体计划、行动；反之，则总体计划甚至基本设想都可能需要修改，整个研究进程将在修改后的新总体计划、基本设想的基础上进行。总之，一切干预行动的执行不是为了检验某一设想或计划，而是为了解决实际问题。

（6）研究结果的总体评价。这是对整个研究工作所作的总结，也是一个技术性很强的环节。除了要对研究中获得的数据、资料进行科学处理，得到研究所需要的结论外，还应对产生这一课题的实际问题作出解释。对研究成果的评价，并非以解释的完美与否为标准，而是以实际问题解决的程度为依据。因此，直至研究结束，无论是数据统计处理，还是结果解释，依然离不开研究人员、教师、行政人员的密切合作。

从上述行动研究的6个步骤中可以归纳出行动研究过程的特点：首先，所有的设想、计划，都处于动态中，都是可修改的；其次，包括研究者、教师、行政人员的全体小组成员参与行动研究实施的全过程；最后，在整个研究过程中，诊断性评价、形成性评价、总结性评价是贯穿始终的，这构成行动研究的工作流程。

（三）叙事研究

叙事研究又称"故事研究"，是一种研究人类体验世界的方式。这种研究方式的前提在于人类是善于讲故事的生物，他们过着故事化的生活。"叙事"是人类基本的生存方式和表达方式。叙事研究是以"质的研究"为基础，是质的研究方法的具体运用。教育叙事研究的基本特征是以叙事、讲故事的方式表达作者对教育的解释和理解。它不直接定义教育是什么，也不直接规定教育应该怎么做。教育叙事研究具体有如下特征：

（1）教育叙事研究讲述的是一个已经完成的教育事件，而不是对未来的展望或发出的某种指令。它所报告的内容是实际发生的教育事件，而不是教育者的主观想象。教育叙事研究十分重视叙事者的处境和地位，尤其肯定叙事者的个人生活史和个人生活实践的重要意义。它所报告的内容是"实然"的教育实践,而不是"应然"的教育规则或"或然"的教育想象。

(2) 教育叙事研究所报告的内容是与某个或几个具体的教育生活中的"人"有关的故事。比如,教师在某个教育问题或事件中遭遇困境时,就要思考和谋划解决问题、摆脱困境的出路,这其中就会涉及很多曲折的情节。

(3) 教育叙事研究所报告的内容必须具有一定的"情节性"。可以说,"情节"是任何叙事(或故事)的一个基本特征。而更常见且值得叙述的教育事件是教育因其艰难而使教师置身于教育问题、教育事件中,使教师不得不"独上高楼,望断天涯路"。教师一旦开始思虑教育的困境和谋划教育的出路,总是在"众里寻她千百度"之后,蓦然回首,"却在灯火阑珊处"。这就是教育叙事的"情节"。

教育叙事研究的方式主要有两种:一种是教师自身同时充当叙说者和记述者。它追求以叙事的方式来反思并改进教师的日常生活。另一种是教师只是叙说者,由教育研究者记述。这种方式主要是教育研究者以教师为观察和访谈的对象。教师本人通过叙述自己的教育生活史,形成教育的自我认识,达到一种自我建构的状态。

教师叙事的研究过程包括以下几个步骤:

(1) 确定问题。这是进行研究的前提。教师叙事研究的问题应是有意义的问题,它含有两重含义:一是我们研究者对该问题确实不了解,希望通过此项研究获得答案;二是问题所涉及的地点、时间、人物和事件在现实生活中确实存在,对被研究者来说具有实际意义。

(2) 选择研究对象。这是研究得以进行的保证。需要研究者与被研究者的互动与合作:研究者要有敏感的心理;研究者对研究本身要有足够的热情;研究者的研究活动要得到被研究者的认同、理解与合作。样本的选择不仅要与研究的典型问题相关,也与研究者与被研究者的关系相关。

(3) 进入研究现场。这是研究者观察、了解研究对象的真实环境。进入现场意味着走进教师活动的时空,与教师同呼吸、共生活。进入研究现场的方式有:可以在自然状态下融入,也可以创设特殊情境快速融入;可以直接通过他人介绍进入,也可间接地在观察中进入,但都必须征得研究对象的同意。

(4) 进行观察访谈。这是促使研究者走向深入的过程。它是围绕着研究问题而进行的。观察力求客观,避免"先见"或"前设"对研究的干扰;访谈力求轻松,使被访者在研究者设计的系列开放性问题中回答。进行观察访谈时,要求研究者具有敏锐的观察力和良好的亲和力。

(5) 整理分析资料。这是叙事研究极为重要的环节。整理分析资料就是与这些事件的生命进行对话的过程,要注意避免研究者原有偏见的影响。在此过程中,研究者的一项重要任务就是从收集的大量资料中寻找出"本土概念",并将这些概念作为"登录"的符号。

(6) 撰写研究报告。这是在前面大量工作的基础上进行的总结性归纳。叙事研究报告既要详尽描述,又要整体分析,要创设出一种"现场感",把教师的生活淋漓尽致地展现在读者面前,使教师的生活故事焕发出理性的光辉。

(四) 访谈法

在研究中,常用的两种访谈形式是:① 非结构式访谈(或开放式访谈)。在这种访谈中,研究者向主要的被访者提出问题(这些问题是开放性的),目的是让被访者对一些事情发表自己的看法和观点,研究者有时则可能以此观点作为进一步研究的基础。特别是当研究者对所研究问题的可能结果知之甚少时,更需要用这种访谈方式了解被访者的看法,以达到对这个问题的了解和认识,进而给出一些有意义的解释。② 半结构式访谈(焦点式访谈)。在这种访谈中,研究者事先列出要探讨的问题,在访谈中仍然保持一种开放的方式(事先并不硬性规定语言表述方式,也不确定提问的顺序),围绕与研究课题密切相关的问题提问。通过这两种访谈形式,有助于访谈者了解被访者真实的想法,更有可能了解到研究者事先没有想到的一些问题。

访谈法的操作过程主要包括以下5个方面:

(1) 设计访谈提纲。无论是哪一种形式的访谈,一般在访谈之前都要设计一个访谈提纲(包含访谈内容和主要问题),以明确访谈的目的和所要获得的信息。

(2) 恰当地提问。要想通过访谈获取所需资料,访谈者要掌握一定的提问技巧。在表述上要求简单、清楚、明了、准确,并尽可能地适合受访者;在类型上可以有开放型与封闭型、具体型与抽象型、清晰型与含混型之分。另外,适时、适度地追问也十分重要。

(3) 准确捕捉信息,及时收集有关资料。访谈法收集资料的主要形式是"倾听"。"倾听"可以在不同的层面上进行:在态度上,访谈者应该"积极关注地听",而不应该"表面地或消极地听";在情感层面上,访谈者要"有感情地听"和"共情地听",避免"无感情地听";在认知层面上,要随时将受访者所说的话或信息迅速地纳入自己的认知结构中加以理解和同化,必要时还要与对方进行对话,与对方进行平等的交流,共同建构新的认识和意义。另外,"倾听"还需要遵循两个原则:不要轻易地打断对方和容忍沉默。

(4) 适当地做出回应。访谈者不只是提问和倾听,还需要将自己的态度、意向和想法及时地传递给对方。回应的方式多种多样,可以是诸如"对""是吗""很好"等言语行为,也可以是点头、微笑等非言语行为,还可以是重复、重组和总结。

(5) 及时做好访谈记录,必要时可进行录音或录像。

为了使访谈能够有效顺利地进行,访谈者还应注意以下几个方面:

(1) 一般应事先对访谈对象有所了解。

(2) 一般要尽可能自然地结合访谈对象当时的具体情形开始访谈。

(3) 访谈的问题应该由浅入深、由简入繁,而且要自然过渡。

(4) 在有充分准备的前提下,为避免谈话跑题,有时需要适当地调节和控制谈话节奏。

(5) 无论是提问还是追问,提问的方式、内容都要适合受访者。

(6) 在回应中要避免随意评论。

(7) 访谈中要特别注意自己的非言语行为。

(8) 要思考访谈的结束方式。

(五) 观察法

观察法就是科学地观察事物的方法,是指人们有目的、有计划地通过感官和辅助工具,在自然状态下对客观事物进行考察而获取其事实资料的一种科学研究方法。质的研究的观察可分为参与观察和非参与观察。参与观察是研究者将自己融入研究对象的活动之中,在观察对象的活动中充当一个角色。在这里,研究者几乎不是一个被动的观察者,而是与研究对象一起从事某项特定活动的一员。非参与观察是研究者作为一个旁观者,对研究对象从事的有关活动进行观察。这种观察大部分是正式的、事前有准备的观察,有时也可能是对一些偶然事件的观察。正式的观察一般都是在特定时间内发生的特定类型的行为。观察研究是一个循环研究,它包括以下几个步骤:

(1) 明确观察目的和意义(在观察中要了解什么情况,收集哪方面事实材料),确定观察对象、时间、地点、内容和方法,也就是回答为什么观察和如何观察等问题。

(2) 通过检索资料、专家访谈等,收集有关观察对象的文献资料,并进行阅读分析,对所要求观察的条件有一个基本认识,为观察做好充分准备。

(3) 编制观察提纲。对观察客体单位要进行明确分类,对所观察的事物确定最主要的观察方向。

(4) 实施观察。即进行有计划、有步骤、全面而系统地观察。

(5) 资料收集记录。

(6) 分析资料、得出结论。

二、量的研究

量的研究又称"量化研究"或"定量研究",它是一种对事物可以量化的部分进行测量和分析,以检验研究者自己有关理论假设的研究方法。量的研究有一套完备的操作技术,包括抽样方法、资料收集方法、数字统计方法等。其基本的研究步骤是:研究者事先建立假设并确定具有因果关系的各种变量,通过概率抽样的方式选择样本,使用经过检测的标准化工具和程序采集数据,对数据进行分析,建立不同变量之间的相关关系,必要时使用实验干预手段对控制组和实验组进行对比,进而检验某种关于事物客观规律的理论假设。这种方法主要用于对各种相关因素的分析,如学生家庭经济困难与辍学之间的关系、学生学习态度与学习成绩之间的关系等。常见的量化方法主要有:问卷调查法和测验法。

(一)问卷调查法

问卷调查法也称问卷法,它是调查者运用统一设计的问卷向被选取的调查对象了解情况或征询意见的调查方法。问卷调查法的优点有:① 能突破时空限制,在广阔范围内,对众多调查对象同时进行调查;② 便于对调查结果进行定量研究;③ 调查者和被调查者无需面对面接触,具有一定的回避效果,可以排除人际交往中可能产生的种种干扰。其缺点表现在:① 只能获得书面信息,而不能了解到生动、具体的社会情况;② 缺乏弹性,很难做深入的定性调查,难以了解深层次的、本质的情况;③ 对于自填式问卷调查,调查者难以了解被调查者是认真填写的还是敷衍了事的,若被调查者对问题不理解、对回答方式不清楚,无法得到指导和说明,这必将影响回答的真实性和准确性,影响调查者对回答的真实程度和可靠程度以及影响作出正确判断。

问卷调查的一般程序是:设计调查问卷→选择调查对象→分发问卷→回收和审查问卷→对问卷调查结果进行统计分析和理论研究。设计问卷与设计提纲、表格、卡片等调查工具一样,大体上也要经历选择调查课题、进行初步探索、提出研究假设等几个步骤。但进入设计阶段之后,设计问卷就比设计其他调查工具的工作量大得多、复杂得多。这是因为,设计问卷(特别是自填问卷)要把口头语言变成书面语言,要按照相关性、同层性、完整性、互斥性和可能性原则设计封闭型问题的答案,工作难度和强度较大,需要花费很大的精力认真对待。

问卷调查的对象可用抽样方法选择,也可把有限范围内(如一个工厂、一个村、一个班级、一个居委会)的全部成员当作调查对象。由于问卷调查的回复率和有效率一般都不可能达到100%,因此选择的调查对象应多于研究对象。

分发问卷有多种方式,可随报刊投递,可从邮局寄送,也可派人送发,还可安排访问员通过电话访问或登门访问。在后三种情况下,访问员应向被调查者做些口头说明,以提高问卷的回复率和有效率。

回收问卷是问卷调查的重要环节。一般来说,访问问卷和送发问卷的回复率高,电话访问问卷的回复率次之,报刊问卷和邮政问卷的初始回复率一般较低。因此,在规定的回复时间之后,应每隔1周左右向被调查者发出1次提示通知或催复信件(每次的内容应有所区别)。经过1~3次的提示或催复,一般可提高回复率。

对于回收的问卷必须认真审查。回收的问卷(特别是报刊问卷和邮政问卷)中,总会有一些回答不合格的无效问卷。如果对回收的问卷不经审查就直接加工整理,就会造成中途被迫返工或降低调查质量的严重后果。因此,对回收的每一份问卷进行严格审查,是问卷调查不可缺少的环节。只有坚决淘汰一切不合格的无效问卷,把调查资料的整理和分析建立在有效问卷的基础上,才能保证调查结论的可靠性和科学性。

(二) 测验法

测验法是指借助各种测试题对人的知识、能力以及某些心理特征进行测量,从而获得评价信息和资料的方法。对教师进行研究,可能更多采用的是心理测验,它是一种对人们的心理特征及个别差异进行估测、描述和诊断的方法,包括智力测验、人格测验、创造力测验和能力倾向测验。好的心理测验是按照科学的方法和系统的程序编制的,即标准化心理测验。

标准化心理测验的主要步骤有:① 选取具有代表性的材料编制测验题目;② 选取具有代表性的样本进行施测;③ 按测得分数统计分析求出常模;④ 进行信度和效度检验。

第一章 中西方视野中教师的流变

【学习目标】
(1) 能理解和把握西方视野中的教师流变。
(2) 能理解和把握中国文化视野中的教师流变。
(3) 能正确厘清并理解"教师是谁"这个问题的答案。

"教师"一词最早出自《学记》:"教师者所以学为君也。"① 古人称"教师"为"师",主要指教授贵族子弟学习射箭、骑马等军事技能,后在变化发展中延伸为教授知识文化。作为人类社会古老的职业之一,教师职业的演变,体现了社会历史发展的必然性,教师在承担人才培养任务的同时也推动了文化传播与社会进步。本章将着重探讨中西方文化背景下教师的流变,厘清演变脉络,以期为当今社会教师的发展提供借鉴。

第一节 西方视野中的教师流变

人类文明的传承与教育密不可分,教育活动的开展在很大程度上依赖于教师。教师与教育以及教师与社会的发展息息相关,厘清教师群体的流变对教育和社会的发展具有极其重要的意义。西方古代教师群体的起源可以追溯到古希腊时期,教师的流变可以分为三个阶段:重视知识传播的古希腊教师,突出神学研究的中世纪教师,突显专业取向的现代教师。

---

① 高时良.学记[M].北京:人民教育出版社,2018:148.

一、古代世界中的教师

(一) 重视知识传播的古希腊教师

1. 智者

公元前5世纪中叶,古希腊出现了智者,在古典时期智者被用来专指在希腊各城邦收费授徒,传授智慧和雄辩的能力以及其他知识的职业教师。① 这些人云游各地,以雅典为中心,广泛活跃于希腊各主要城邦和各大聚会场所,积极参与城邦的政治和文化生活,以教师为职业,接受劳动报酬。

古希腊时期,智者不会长期坚守在一个固定的场所,而是不断到各个城邦云游巡讲,因而学习时间与学习场所均不固定,学生可以跟随智者周游列邦,也可以选择在城邦等待。② 智者教学讲求实用,重视实际效果,他们会传授公民参与政治生活的本领,教授与演讲、辩论相关的知识,并提高公民的政治才能和道德品性,他们的培养目标不是让学生成为和他们一样的智者,而是传授现实生活中人们所迫切需要的实用知识,并培养人的思维方式与表达能力。智者的教学方式包括演讲式授课、讲座式授课、讨论式授课与开班式授课四种,他们喜欢在公共场合演讲和辩论,以宣传自己的观点。智者们收徒没有门第限制,只要学生交纳学费,就有机会学到所需要的演说本领和辩论技巧,这种方式使教育对象的范围更加广泛,教育影响力更加深远。

在古希腊教育史上,智者作为西方世界较早的教师群体之一,其进行的是一场人文教育运动。他们将教育的基础置于人类理性培养与知识传播上,高度重视教育在社会发展中的作用。智者们认为,德行可以通过知识的传播而获得,这一观点不仅直接促进了希腊教育实践的发展,而且丰富了希腊教育思想,对后世教育的发展产生了深远的影响。

2. 哲学派教师

在公元前5世纪的古希腊,哲学派教师与智者共处于同一时空背景下。这些哲学派教师是古代西方较早的教师群体之一,代表人物有"古希腊三杰"——苏格拉底、柏拉图以及亚里士多德。他们是真理实践的探究者,教育目的在于引导学生的灵魂向善,他们采用师生对话的方式来发掘学生的智慧,对于后世教师教育的发展与人类文明的延续产生了深远的影响。

(1) 教师是学生智慧的发掘者。

在柏拉图的《美诺篇》中,教师的工作被描绘为不仅是简单地传授知识和解决

---

① 左熙之.西方教师身份的历史嬗变[D].济南:山东师范大学,2014:9.
② 单中惠.外国中小学教育问题史[M].济南:山东教育出版社,2005:416.

问题,还能培养学生重新提出问题的能力,以使学生认识到自己掌握了某些知识,但却无法用明确的语言表达出来。柏拉图认为,人类的灵魂是不朽的,一个人的知识是与生俱来的,存在于天赋的本质中,而教育则是唤醒和回忆起个体内在固有的知识。因此,教师的角色是逐步引导他人唤起知识,注重学生智慧的发掘。

柏拉图对于教师的描述源自苏格拉底的观点。苏格拉底认为,教师在传播知识时,不应以高高在上的权威强迫学生接受,而是通过师生间的对话,以问答式教学的形式进行,即所谓的"产婆术"。苏格拉底认为,青年获取知识的过程是通过教师对话引导,激发他们发掘灵魂中本就具有的知识,教师要引导学生认识到自己的无知,主动对学生提问,若学生回答不出教师的问题,便会从内心深处萌发出对知识的强烈渴望,苏格拉底认为这种主动求知的趋向会使教学效果事半功倍。因此,他反对灌输式教学,主张学生通过问答或对话的方式获得真理。① 苏格拉底常以"无知"的态度来开启他的教学,通过一步步发问,启发学生进一步思考而得出问题的答案。

苏格拉底的弟子色诺芬记载的苏格拉底同他的学生尤苏戴莫斯关于"正义"问题的讨论,历来被视为"产婆术"的典型案例。

【案例 1-1】

苏:能否区别正义与非正义?

尤:能够。

苏:虚伪属于正义还是非正义? 欺骗、做坏事、奴役人属于正义还是非正义?

尤:非正义。

苏:奴役非正义的敌人、欺骗敌人、偷窃敌人的东西,也属于非正义么?

尤:不是。

苏:是不是可以这样归纳:虚伪、欺骗用在敌人身上,属于正义行为,用在朋友身上属于非正义行为。

尤:对。

苏:假如在士气消沉时,谎称援军来了;儿子生病不肯服药,父亲骗他,把药当饭给他吃;这种行为是正义的还是非正义的?

尤:是正义的。

苏:你不是说在无论什么情况下都应该坦率行事吗?

尤:的确不是,如果你准许的话,我宁愿收回我已经说过的话。

资料来源:陈桂生.孔子"启发"艺术与苏格拉底"产婆术"比较[J].华东师范大学学报(教育科学版),2001(1):7-13.

【点评】 苏格拉底的"产婆术"是通过"诘问"的方式进行的,以剥茧抽丝的方

---

① 陈传东.做一名苏格拉底式的当代教师[J].当代教育科学,2011(17):32-34.

法,使对方逐渐了解自己的无知,从而发现自己的错误,然后建立正确的知识观念,其实质乃是一种启发式教学。以苏格拉底、柏拉图和亚里士多德为代表的古典教师坚持催产式的教育原则,不将教师定位为学生知识的供给者,不对学生"有求必应",不会主动告知学生现成的答案。在学生寻求真理的过程中,教师的作用只能是帮助、启发和引导,而不是代替。教师通过反问的方式让对方明白自己的无知,从而激发学生的学习热情,调动学生学习的积极性和主动性,促使学生独立地思考问题,凭借自身力量探究真理。

(2) 教师是学生灵魂向善的引导者。

教师作为一种职业并不是孤立存在的,其与学生之间存在密切的联系,教师存在的目的和价值必须体现在学生内心需求的满足上。苏格拉底作为古典教师的代表人物,强调灵魂的本质是理性,人要想灵魂获得最大程度的完善,就不能只从个人经验出发,只有认识你自己、认识灵魂,才能解决好灵魂向善的问题。苏格拉底认为人的一切合理行为都是为了从善,善是一切行为的目的,也是最高的道德价值,[1]因此,治理城邦的首要任务应该是改善公民的灵魂,给他们知识教养,使他们过理性生活追求善。在柏拉图看来,灵魂的本性是善,在出生之前,灵魂原本是纯洁的,一旦出生,灵魂的纯洁性被肉体所污染,只要灵魂保持自身的本性,以其固有的思维能力,不受肉体的束缚,不受痛苦、快乐的干扰,专注于自身,达到真正的实在,认识理念,灵魂就会达到善的境界,与肉体的自然本性不同,灵魂具有面向未来,选择善、趋向善的价值本性。[2]

教育能帮助人的灵魂转向,而教师则起到引导学生灵魂向善的重要作用。柏拉图在《理想国》第七章中提出了"洞穴喻"的假设,以说明教育是如何促进灵魂转向的:有一个很深的洞穴,有些人从小被捆绑在洞穴的底部,全身被锁住,头部不能转动,眼睛只能看着洞壁。在他们身后,洞中燃烧着一堆火,在火和那些囚徒之间垒起一道墙,沿墙有些走着的人举着用木头和石头制成的假人假物像演傀儡戏,火光将这些傀儡的影子照在洞壁上。[3] 在这样的环境中,有个人突然被解除了束缚,获得了自由,他可以抬起头环顾四周来回走动,看到了真的火光,然后他被生拉硬拽,走出崎岖陡峭的山坡路。被拽出洞外见到了阳光,当他来到阳光底下时,他感觉眼睛像在燃烧无法睁开,最后逐渐适应,甚至能直视太阳,看清它到底是什么。[4] 柏拉图强调,人的本质是灵魂,在洞穴中不同群体象征着灵魂的不同朝向,囚犯从洞穴内走向洞穴外,必须要经历灵魂的转向,灵魂本来具有一种向善的能

---

[1] 汪子嵩,范明生,等.希腊哲学史:第二卷[M].修订版.北京:人民出版社,2014:331.
[2] 王彩云.求真向善:人的存在状态:对柏拉图灵魂观的解读[J].齐鲁学刊,2000(3):15-18.
[3] 汪子嵩,范明生,等.希腊哲学史:第二卷[M].修订版.北京:人民出版社,2014:670.
[4] 周妍璇.柏拉图的教育思想与正义观:基于《理想国》中的"洞穴喻"隐喻[J].牡丹江教育学院学报,2023(3):10-13.

力,教育只是使这种固有的能力能够掌握正确的方向,教育不是一种"从无到有"的创造性活动,它是一种引导和提升活动,①教育的过程就是要使灵魂远离感觉世界,使其转向理念世界的过程。教育引导人遵循灵魂的"向善性",将潜在的精神提升为完整的、理性的精神。最终,灵魂上升到了一定高度,完成终极转向,最优质的灵魂才能够拥有最高级的知识,知道善的理念。①

人类的灵魂是一种向善的存在,作为人的学生也具有一种内在的向善本性。通过上文对柏拉图洞穴之喻的解读,可知教育就是教师引导学生灵魂向善的活动,而学生灵魂向善的本性也决定了教师的教育方式。柏拉图反对智者对灵魂内原来没有的知识进行灌溉的教育观,他认为教育是对学生内在知识的唤醒与回忆的过程。他认为学生的灵魂蕴含着自然的禀赋,其灵魂本身就是"向善"的存在,因此,教育可以通过教师对学生灵魂向善的引导来实现。

（3）教师是真理实践的探究者。

以苏格拉底、柏拉图、亚里士多德为代表的古典教师,他们源于对真理的执着追求,享受着学问探讨所带来的快乐,努力追问事物的本源,积极进行各种实践探索,带着对真知的强烈热爱而不断向知识与真理的彼岸迈进,是人类求知欲与智慧的象征。

一方面,他们在知识传播与研究过程中,不断深化了对真理的认识。苏格拉底认为"美德即知识",他指出智慧和知识是每个人的天赋本性,由于感觉的迷雾和欲望的膨胀,使人的理智本性受到扭曲,从而导致美德的缺乏,因此,通过道德陶冶与传授可以恢复他们的理智本性,培植美德。② 我们在出生前就已获得了潜在的知识,然而出生时遗失了它,后来通过学习重新获得原来所具有的知识,这个学习过程就是回忆。柏拉图认为,音乐训练与体育锻炼二者相辅相成,因此,可将二者结合起来培养全面发展的公民,可通过音乐陶冶心灵、体育锻炼强健体魄。亚里士多德在灵魂论的基础上提出了教育要适应自然的原则,他认为教师必须遵循这一原则,他将人分为身体与灵魂两个部分,认为合理的教育应该遵循人的自然发展的进程,按照先身体、品格次之、理智最后的顺序循序渐进地进行。

另一方面,他们在实践中积极探索支撑真理运行的"支点"。苏格拉底提出了通过师生对话的形式进行教学的方法,以启发学生不断思考即所谓的产婆术。柏拉图则创建了闻名于世的阿卡德米学园,在此后四十年的教学生涯中,柏拉图都将其作为自己固定的传道授业之所。受苏格拉底的影响,学园采用了讲座与讨论相结合的方式展开教学,柏拉图不仅重视哲学、辩证法的研讨与学习,还对文法、法律、历史、伦理学等学科进行分类研究,鼓励学生独立钻研,深入探究。公元前336

---

① 周妍璇.柏拉图的教育思想与正义观:基于《理想国》中的"洞穴喻"隐喻[J].牡丹江教育学院学报,2023(3):10-13.

② 汪子嵩,范明生,等.希腊哲学史:第二卷[M].修订版.北京:人民出版社,2014:367.

年,亚里士多德在雅典的郊区吕克昂创办了一所学园,进行哲学、物理学、逻辑学、修辞学等教学。亚里士多德比较重视自然科学的教学,尤其重视算术、几何等知识,其所提出的体、德、智、美全面和谐的教育观点,突破了传统教师的概念与框架,为后世各种教育思想的提出奠定了基础。

(二)突出神学研究的中世纪教师

中世纪的西欧,随着基督教的迅猛发展,教会逐渐获得了绝对权威。教会学校由教会设立和管理,作为这一时期主要的教育机构,僧侣们获得了知识教育的垄断权,因而教育本身也被灌输了神学特征。在中世纪,教师大多由知识渊博,对教育工作富有热爱的教会僧侣们担任,为了维护教会的权威和神学思想的绝对统治地位,教师的教育内容十分有限,主要为宗教知识,并在"三艺"的基础上增添神学内容。课堂上他们使用拉丁语进行授课。僧侣成为基督教学校中唯一具有合法地位的教师,在传授知识的同时,也承担着传播教义与争取信徒的重要职责,因此,这一时期,僧侣教师的教学具有浓烈的神学和封建色彩,体现为在教学中压制学生个性,强迫学生盲目信仰《圣经》,在学习中采用机械记忆和背诵的方式。同时,为了教师教学活动的开展,中世纪的教师也参与教材的编写并留下了许多享誉后世的经典著作。

【典型代表1-1】

英格兰神学家阿尔琴就是这一时期的典型代表,他在被任命为查理曼帝国教育大臣时,用基督教生活的七大支柱——智慧、谅解、劝告、坚忍、知识、正直和对上帝的敬畏来约束学生,他认为学生的日常生活与学习要严格遵守这七种精神。阿尔琴在查理曼宫廷学校担任教师期间,编写了许多学校课本,例如,文法、拼写和知识大全,甚至是相当有创造性的数学答疑——《促进儿童智慧的问题》等,这些课本的编写为贵族学生找到更便捷的学习方法,使其学习效率得以提高。

资料来源:单中惠.教师专业发展的国际比较[M].北京:教育科学出版社,2010:233.

二、现代世界中的教师

卢梭、洛克和赫尔巴特都是西方教育思想史上的重要人物。卢梭主张人的身心发展来源于人的内在需要,教育应该尽可能地让儿童保持自然状态,教师应根据儿童身心发展的规律引导其自然天赋的成长;洛克主张儿童天生具有好奇心和求知欲,教育应该为其提供一个合适的环境和资源,帮助他们发挥自身的潜能;赫尔巴特作为现代教育学之父,他强调教育应该全面地促进学生的身心健康和综合素质发展。研究这一时期的教师群体离不开对上述三位教育家思想的探讨,本部分将在对卢梭、洛克与赫尔巴特教育著作进行分析与研究的基础上，总结出这一时期的教师行为与教师角色观。

（一）教师指引学生的求知活动

学生悟性的开启、知识的获取、能力的发展、潜能的激发，都离不开教师的启发与诱导。近现代世界中的教师如卢梭、洛克、赫尔巴特等普遍认为儿童有其自己的想法，对世间万物的好奇心，教师在教学中不应强行加以灌输，应顺应儿童本身的发展规律，在激发学生学习主观能动性的基础上，适当发挥自己的指引作用。

卢梭在其著作《爱弥儿》里运用比喻的手法生动地描述了教师启发爱弥儿学习知识的情景，他认为学生应通过自己的理解去获得知识，教学不应仅仅是知识的灌输，而应引导学生自己去探索与发现那些学问。卢梭主张教师要精心选择那些真正能使学生变得聪明的知识，学生应在教师的指导下构建属于自己的知识体系。卢梭在《爱弥儿》第三卷里讲述了教师用问答的形式进行教学的场景，认为教师应在教学中用一些易于学生理解的知识逐步引导学生正确的思维。教师作为指引者，使用问答式交流的教学方法，可以吸引学生的注意，活跃学生的思维，培养学生独立思考的能力，激励学生探究的激情。这种使学生从教师与学生的一问一答中获得知识的教育方法，有利于发挥教师的指引作用和学生的主体作用，从而达到教和学的和谐统一。[1]

洛克在《教育漫话》中指出，儿童只有通过自己的努力，才能学得真正有用的知识以及获得真正的成长。洛克主张教师应采取一些可行的措施激发学生学习的主动性与积极性，教师在日常教学中应诱导儿童兴趣的产生，无论儿童提出何种问题都应对其加以鼓励，根据儿童所提问题，引导其得出正确的答案。洛克坚决反对学生运用死记硬背的方法进行学习，指出教师在教学中要注意培养学生的逻辑思维能力，这样能起到事半功倍的学习效果。洛克认为对于不同的教学内容，其教学方法不尽相同，对于书本知识的教学，教师要引导学生系统地研究书本，获取知识；对于实际操作类科目，则要在教师的指导下进行练习。

赫尔巴特根据人们思维的过程提出了明了、联想、系统与方法的教学阶段论。① 明了。教师采用直观教学的方式指引学生了解新教材，掌握新教材，引导学生做好上课的准备。② 联想。教师在对教材进行分析的基础上，引导学生在新旧观念的联系中继续深入学习新教材。③ 系统。学生在教师的引导下，在新旧观念联系的基础上深入思考，寻求结论、规律。④ 方法。教师不仅要引导学生掌握系统的知识，还要引导学生运用知识、巩固知识、掌握运用知识解决实际问题的方法。[2] 赫尔巴特所提出的教学四阶段论，一方面系统论述了教学各阶段的任务和要求；另

---

[1] 刘琼.卢梭《爱弥儿》教师角色观[D].长沙：中南大学，2009：25
[2] 张斌贤.外国教育史[M].北京：教育科学出版社，2015：281.

一方面主张教师开展教学活动时,要指导学生的求知活动,启发学生的思考与讨论。

(二) 教师注重学生学习兴趣的激发

近现代世界中的教师如洛克、卢梭、赫尔巴特等认为,在教学过程中,教师应重视激发学生的学习兴趣,应将儿童的兴趣当作一种追求知识的欲望,一旦学生的兴趣被调动起来,他们将主动选择学习的内容,主动钻研疑难问题,就会起到事半功倍的教学效果。如卢梭认为,兴趣是学生最好的老师,孩子们要学习的东西很多,只有培养了兴趣,他们才能主动去探索。为此,卢梭通过带学生亲身体验的方式来培养学生的好奇心和激发学生的学习兴趣。

洛克鼓励教师重视儿童兴趣的培养。为此,他提出建议:第一,无论孩子提出何种问题,教师都应对其进行答复,在充分考虑学生年龄和发展阶段的基础上,选择合适的方法激发学生的求知兴趣;第二,教师在教学中可使用一些特殊的表扬方法来激发孩子的学习兴趣;第三,教师应格外重视并认真回答儿童所提问题,不可使他们得到虚妄的答复。

赫尔巴特在《普通教育学》中将兴趣分为经验的、思辨的、审美的、同情的、社会的、宗教的六类[①],指出要避免片面性就必须使这六方面的兴趣得到均衡发展,因此,赫尔巴特极其重视学生学习兴趣的激发。一方面,他认为兴趣是设计教学内容的重要依据,教师要使教学内容兴趣化。对学生而言,学习的成功依赖于兴趣,教师应使教学内容能打动学生的心灵。另一方面,赫尔巴特就如何激发学生的兴趣列举了许多有益的举措,如应在教学开始时使学生明确每堂课的目的,应避免采用过难或过易的教材,要保持授课的一贯性,要广泛运用实例,等等,这些举措对当今多数学校教学的开展都大有裨益。

(三) 教师在教学上尊重与爱护学生

近现代世界中的教师在教学上十分注重尊重与爱护学生。首先,教师要具有谦虚的品质,以一种平和的心态陪伴学生的成长,视学生为独立平等的生命个体,充分给予学生提高自我的机会。其次,教师要尊重学生的个性,站在学生的角度考虑问题,了解学生心理发展的特点,并据此选择合适的教学方法。

卢梭在《爱弥儿》中提到,教师要时常与学生进行谈话,通过交谈,可以增进师生间的了解,有利于朋友式师生关系的建立。卢梭认为,教师作为朋友要关心爱护学生,与学生相处时应多听取学生的意见,尊重学生的想法,要让学生独立思考后作出选择,不可使学生迫于教师的权威违反自己的意愿。

洛克主张教师在教学中要尊重与爱护学生。一方面,师生之间应保持亲切的

---

① 杨光富.赫尔巴特教育思想研究[M].太原:山西人民出版社,2020:20.

交谈关系,在教学上,面对一个问题,可通过自由讨论的方式寻找答案,充分给予学生自由探讨与表达想法的权利,尊重学生内心的真实想法,既可使学生学习的积极性空前高涨,达到教学相长的双重效果,又可建立师生间亦师亦友的关系。另一方面,洛克指出教学中应尽量避免惩罚、鞭挞,他认为用此种方式教育的学生会带有奴隶气质,只能带给学生皮肉之苦,摧毁学生的上进心,并不能达到真正的教学目的。反言之,对于有良好行为的学生,教师可对其进行赞扬,给予学生精神上的满足,道德上的尊重,这更有利于师生间友好关系的维护。

赫尔巴特被认为是"教师中心论"的代表人物,教师既是权威的化身也在教学上尊重与爱护学生。首先,在教学要求上,赫尔巴特主张教师并非专制主义者,应重视学生的尊严与权利,避免侵犯学生个性,在尊重学生愿望与兴趣的基础上关心、呵护学生。其次,在教学方法上,赫尔巴特认为教师可通过了解学生智力活动的规律以及思维容量的状况来认识学生发展的可能性,尊重学生的天赋差异,在认真观察与充分了解的基础上选择合适的教学内容与形式,为学生的发展创造条件。

第二节 中国文化视野中的教师流变

中国是一个有着悠久历史文化的泱泱大国,自西周产生学校,推行官师合一的政策以来,教师作为一门专门职业在社会上出现。我国教师自出现至今伴随着历史的发展和传统文化的转变,其发展经历了从古代社会的肩负教化责任的圣贤之师,到现代社会的实现教人成人价值的专业之师的流变。

一、古代社会:肩负教化责任的圣贤之师

在原始社会初期,人类的教育活动与社会的生产生活由全体劳动者参与,此时未出现专门的教育机构与教育人员。这一时期,由于自然环境恶劣、技术水平低下,因而每个部落首领的重要任务是培养部落人员的生产、生存知识,以此来适应社会生活与抵抗外来侵袭,教人技能与生存之法的能干者便脱颖而出,这些具有杰出能力与才干的人便以教师身份成为众人尊敬的领袖和心目中的圣贤,地位极其显赫。他们以其自身高尚的人格,成为具有广义社会责任的人类教化者。

春秋战国时期是奴隶制向封建社会过渡的时期,随着"学在官府"局面被打破,原来由国家、贵族垄断的文化学术不断向社会下层扩散,士阶层兴起,私学兴盛,百家争鸣局面形成,教师职业队伍逐渐扩大,涌现出一批批负有盛名的私学教师。教师所具有的教化功能在这一时期颇受重视,他们在传承知识的同时,自觉承担伦理

建构、教化民众的任务,履行重要社会职责。① 例如,被后世尊为"至圣先师"的孔子,他对教师角色提出期待,认为教师应是爱众亲仁的仁爱之师,他所提出的教育思想在一定程度上起到了知识传播的作用,促进了春秋时期学术自由之风的兴起与百家争鸣局面的形成。享有"亚圣"之尊称的孟子认为教师是具有最高理想的圣人人格,同时是怀有"以道自任"的精神抱负的士阶层;荀子认为教师是治教合一的圣王之师,既掌握政治权利也承担教育功能,是注重自身道德精神的人格典范。② 以孔子、孟子、荀子为代表的思想家先贤,作为光耀千古的"圣贤"之师,通过其高尚德行将教师的圣贤形象发挥到了极致,深刻地影响着中国古代社会的伦理道德和价值观念。

总的来说,古代社会的教师与中国传统文化的发展息息相关,他们在肩负教化责任的同时,也以高尚的人格修养严格要求自己,以其自身所作所为奠定了中国文化视野中教师流变的基调,成为了中国教师发展历程中的一部分,中国文化视野中的教师流变无一不是在此基础上发展与丰富的。

【典型代表 1-2】

万世师表——孔子

孔子,名丘,字仲尼,春秋末鲁国陬邑(今山东曲阜)人,中国古代思想家、教育家、政治家、儒家创始人。他提出了"仁"的学说,即要求统治者能够体贴民情,爱惜民力,不要过度压迫人民,以缓和阶级矛盾;其次他主张以德治民,反对苛政和任意滥杀。孔子开创私人讲学之风,倡导仁义礼智信,有弟子三千,其中贤人七十二。他主张"因材施教",教育学生要"温故而知新",把学与思结合起来。曾带领部分弟子周游列国十四年,晚年修订六经《诗》《书》《礼》《乐》《易》《春秋》,并将其作为讲学材料。孔子去世后,其弟子及再传弟子把孔子及其弟子的言行语录和思想记录下来,整理编成《论语》,该书被奉为儒家经典。

孔子是从社会的底层、从贫贱中,凭着自己的选择、把握、执著、智慧,不断提升自己的生命境界,然后一步一步由凡人成为圣人。孔子的一生是曲折的一生,是教育的一生。经过数十年教育生涯的磨炼,孔子最终成为中国乃至世界的大教育家。他的思想在走过 2500 多年的历史后,依然对今日中国乃至世界产生着巨大的影响,被后人誉为"万世师表"。

资料来源:周洪宇.中国好老师:习近平总书记"四有"好老师讲话解读[M].武汉:湖北教育科学出版社,2015:8.

---

① 蒋吉优.乡村小学教师的文化生态研究[D].信阳:信阳师范学院,2011:69.
② 诸园,高世杏.先秦儒家"师"的角色演变及其当代启思[J].安庆师范大学学报(社会科学版),2023(3):88-94.

二、现代社会:实现教人成人价值的专业之师

我国从1994年1月1日开始实施的《中华人民共和国教师法》中规定:"教师是履行教育教学职责的专业人员。"①教师的发展从古代社会的肩负教化责任的圣贤之师,到现代社会的实现教人成人价值的专业之师。如今教师正作为一个独特的专业理念深入人心,在教育教学过程中以学生的全面发展为目的,注重指导学生的自主学习,并身负课程的建设者与开发者以及终身学习者的教师角色。

(一)教师是学生全面发展的培养人

人的全面发展是人类社会千百年来的理想和追求。早在中国的春秋时期,孔子就提出要培养"志于道"的"士","道"被儒家阐释为"在明明德,在亲民,在止于至善"的完美人格修养。在古希腊,亚里士多德曾提出培养"体、智、德"和谐发展,"真、善、美"三位一体的"完善的人"。② 新中国成立以来,随着我国相关政策的颁布,中共中央、国务院《关于全面深化新时代教师队伍建设改革的意见》指出:"造就党和人民满意的高素质专业化创新型教师队伍,落实立德树人根本任务,培养德智体美全面发展的社会主义建设者和接班人。"③明确了教师应承担培养学生全面发展的教育职责。学生是发展中的人,教师的言行举止、人格魅力等都会对学生产生影响。当今时代,教师不仅要传授学生科学文化知识、发展学生智力、培养创新能力,还要培养学生高尚的思想道德,在教书的基础上实现育人。

(二)教师注重指导学生的自主学习

自教师职业诞生以来,传统的"教师讲、学生听"的教学模式一直是教学中的主要形式。随着当今时代的发展,教师若还是将自己定位为知识灌输者的角色,将不利于学生的发展和成长。教师要树立"授人以鱼"不如"授人以渔"的观念,要实现由"教"到"导"的转变,不仅要"解惑",还要"启惑",引导学生主动探索求知,注重指导学生掌握正确的学习方法、养成良好的学习态度。教师在了解学生的基础上,激发学生主动学习的动机和兴趣,创建良好的学习环境和氛围,使学生养成自主学习的习惯。

---

① 中华人民共和国中央人民政府.中华人民共和国教师法[EB/OL].(1993-10-31).https://www.gov.cn/banshi/2005-05/25/content_937.htm.
② 求是网.推动人的全面发展是教育的时代使命[EB/OL].(2021-07-13).http://www.qstheory.cn/qshyjx/2021-07/13/c_1127650173.htm.
③ 中共中央国务院.中共中央国务院印发《深化新时代教育评价改革总体方案》[EB/OL].(2020-10-13).https://www.gov.cn/zhengce/2020-10/13/content_5551032.htm.

（三）教师是课程的建设者与开发者

新中国成立后，我国实行高度统一的教育体制，在很长一段时间内教师只是课程的被动执行者。目前，新课程倡导民主、开放、科学的课程理念，课程管理模式已由中央统一向中央、地方和学校三级参与转变，①这赋予教师"课程建设者和开发者"的角色。对于教师来说，课程并不是一成不变的教育要素，教师可以凭借自己丰富的生活经验、独特的教育理念和专业知识，以课程开发者的身份参与其中，这不仅对提高课程适应性、促进学生人格完善与个性发展具有积极意义，也是丰富教师专业生活与拓展教师专业活动的重要举措。

（四）教师是终身学习者

当今社会是一个学习型社会，随着知识更新换代的速度急剧加快，社会对教师的知识储备提出了更高的要求，为了适应现代社会的挑战与促进学生的全面发展，教师需要不断"充电"，不能停下学习的脚步。一方面，终身学习是使教师永葆生机的有力武器，因此，教师要树立终身学习的观念，跟上知识更新的脚步，顺应时代发展的潮流，培养自身终身学习的能力，这有利于增强广大教师的学习自主性，提高其教学能力。另一方面，教师只有树立终身学习的理念，不断地反思学习，才能为学生的自主学习与全面发展创造条件，使教学设计和人才培养计划与时代的发展相契合。

【案例1-2】

努力把自己活成一束光

于永军，安徽省特级教师，亳州市于永军名班主任工作室主持人。作为一个党龄和教龄一样长的教师，从教22年来，他坚持立德树人，勇于担当，时刻坚持把自己活成一束光，做好学生成长、教师发展的引路人。

他带班讲究"123"，即每月坚持举办一场大型班级活动，每学期对每个学生全员家访两次，班级三部管理互相竞争。他所带班级，学生斗志昂扬，人人赶学比帮超，成长氛围浓郁。

2022年4月1日，王雅若、鹿锦程两个学生的家长援沪抗击疫情，而她俩性格偏内向，学习动力不足，于永军组织了"心相近，'疫'向远——致敬逆行者，争当有为人"主题活动，组织全班踏青共寻幸运草、共诵励志诗词并录制视频发给援沪英雄，增强孩子的荣耀感和使命感。她们最终获评期中考试进步之星。

于永军的目光总能关注到教室内的每一个学生。"只有在其位操作，他才能懂

---

① 张寅.如何做一名优秀的教师[M].陕西：太白文艺出版社，2012：16-17.

得别人做事的不容易,才能尽力做好自己。"他综合纪律表现、学习成绩以及男女生比例,把全班学生均等分成A、B、C三部,每部海选出部长一名,由部长任命副部长两名,正副部长协商产生本部各科课代表、班委及组长。三部按周轮流值日,量化记录同学们学习、锻炼、劳动、守纪等各方面的表现。在他的班上,几乎人人都是班干部。

带班之余,于永军还担任初中语文、班主任两个名师工作室主持人(涉及市、县、校三个级别)。没有薪水,徒增辛劳,为什么要带工作室?他说:"引领年轻教师避开成长弯路,也为教育优质均衡发展出点力。"自2018年冠名校名班主任工作室以来,他坚持组织双周业务学习,并把学习研讨成果在校班主任例会分享,至今已分享60余次;他进行"一对一、点对点"教学,带领20多个班级提升;牵头举办班级建设大会5场,受众达2000人次;开办名师大讲堂讲座2场,每场听众过40000人;到该县立仓、三义、漆园、小涧等10余个乡镇举办讲座20余场,听众达5000余人。

"于老师用勤奋的身影、上进的态度和骄人的成绩影响并带动着我们的发展!"万洪梅入职时间不长,进入蒙城中学即加入这个工作室,短短三年,她的班级工作抓得有声有色,并且以亳州市第一名的身份参加了长三角班主任基本功大赛安徽赛区选拔赛,且获得省奖。

本着"永远不满足于现在"和"自己培养自己"的理念,2019年暑期,于永军倡议实施了为期一个月的自觉成长活动,50余名教师坚持每天读书、写文章。迄今已举办5期,每期直接参与教师100余人。而"自觉成长共同体"活动已由本校蔓延至周边学校,由暑期蔓延到学期中。

2021年10月3日,在和十几个学生相约晨跑时,他不慎跌倒,被诊断为右脚跖骨骨折。"重伤不下火线",手术后仅一周,他在轮椅和助行器的帮助下一步一步地挪到楼上,挪进两个班。他早出晚归,午饭在办公室凑合;为减少上厕所次数,他控制饮水量。他一忙就是一天,那一直垂着的右脚总是肿胀、冰凉,待休息一夜恢复后继续工作。这样的生活,他一直坚持了三个月。其间,他还多次与学生促膝长谈。

于永军表示,他会继续积蓄发光源,当好发光体,站好党员示范岗,引领师生成长。在了解到于永军的事迹后,亳州市委教育工委副书记、亳州市教育局局长王占峰对他进行了高度评价。他说:"有一种伟大叫平凡,有一种幸福叫奉献,有一种力量叫榜样。传道、授业、解惑,格物、正心、诚意,简朴、至真、向善。22年来,于永军老师牢记教育初心,在平凡岗位上立德树人。他用智慧优化班级管理,用真情关爱学生成长,用学识点亮学生梦想,扛起了为党育人、为国育才的神圣使命。"

王占峰表示,"得天下英才而教育之"乃人生之乐事。对学生进行家访是其生活常态,把学生当作自家孩子是其奉献精神的体现。一声声"于爸爸"是学生们对于永军的真情回报,学生健康成长是他收获的满满幸福。"新竹高于旧竹枝,全凭老干为扶持。"于永军老师用勤奋的身影、上进的态度和骄人的成绩,影响并带动了一批批青年教师迅速成长,给他们踔厉奋发的力量,成为他们的榜样。争当"四有"好老师,成为优秀班主任,带出先进班集体,教出来一批好学生,让无数个家庭放心。这些,于永军老师都做到了。

资料来源:于永军.努力把自己活成一束光[N].安徽青年报,2022-12-28(4).

【点评】 于永军老师认识到每个学生都是发展中的人,他认真分析每个学生的特点,在综合考虑纪律表现、学习成绩等方面后,为每个学生选择适合的岗位,使人人都是班干部,人人都能得到提高,体现了教师是学生发展的促进者。其次,于永军教师重视对学生学习的引导,在教学中面对家长援沪抗击疫情的两名学生,为了提高两位学生的学习成绩,组织了"心相近,'疫'向远——致敬逆行者,争当有为人"主题活动,引导学生学习英雄事迹,感受英雄魅力。最后于永军老师树立终身学习的理念,不满足于现状并于2019年实施了为期一个月的自觉成长活动,至今已举办5期,多名教师参加此活动,于永军老师在更新自己知识体系、扩大知识储备、提高教学水平与能力的同时,也带动多名教师共同进步。

第三节 教师是谁——基于古今之变的视角

一、古典世界中的教师:进行道德传授的人

在古典教育哲人的观念中,作为从事教育的主体,教师是进行道德传授的人。古典世界中的教师提出的教育观点与时代背景息息相关,智者注重对人的研究而传授 arete 的知识,即德性;面对整个雅典社会处于一种相对主义与个人主义盛行且道德水平低下的状况,"古希腊三贤"为了提高雅典公民道德水平提出了知识即美德的观点。

(一)智者:知识即德性

公元前5世纪后半叶,在雅典和其他城邦中陆续出现的一批自称为"智者"的人,专指以收费授徒为职业的巡回教师。智者们多在各种场合教授青年人辩论与讲演的技艺,提高公民参与城邦政治生活的能力,其技艺 arete 表示每一种事物所具有的天然的本性,其自身所固有的,而他物没有的特性、功用、好处,荷马的《伊利昂纪》中就说更善于奔跑的马就拥有更高的 arete。[①] 智者们认为人所拥有的 arete

---

① 汪子嵩,范明生,等.希腊哲学史:第二卷[M].修订版.北京:人民出版社,2014:138.

就是人的才能、特长和优秀品质，即德性，即使每个人所拥有的技艺和才能存在差异，但政治和道德方面的德性却是人人都具有的。在柏拉图《普罗泰戈拉》中，普罗泰戈拉将"政治的技艺"和"政治的 arete"等同起来使用。普罗泰戈拉认为治理城邦的才能和品德并非天生的或自然而然拥有的，是可以传授的，而且必须从小教育和训练，可通过知识教育入手进行道德教育，向学生教授"政治的技艺"的同时，掌握该技艺的学生也会得到"政治智慧"。① 普罗泰戈拉所持"治理城邦的才能和品德可以通过教育和训练获得"的观点从根本上肯定了人自我完善的可能性，代表了智者对人所抱有的希望。

智者将相对主义和感觉主义作为其哲学原则，在智者看来，一切知识、真理和道德都是相对的，都依赖于个人的感知和体验。受相对主义与感觉主义的影响，在不同主体感官的影响下，智者提出的美德始终摆脱不了在不同的处境中既可成善又可为恶的相对性。智者主张收费授徒，将美德视为满足自己自然欲望进行谋利的外在工具，普罗泰戈拉将自己标榜为向雅典青年传授美德的教师，传授学生各项技能，如辩论术等，使学习者能够在最短的时间内获得学习的效力，从而直接投入到城邦治理中去，以实现自我的人生价值。②

（二）苏格拉底：知识即美德

苏格拉底将人在生活行为中表现的所有优秀善良的品质，如勇敢、公正、正义、智慧、节制、友爱、虔敬等都称为人的 arete，我们一般将它译为"美德"。③ 苏格拉底将其所谈论的知识定义为关于善的普遍概念的知识，他认为给予知识的对象以真理，给予知识的主体以认识能力，这就是善的理念。④ 如果进一步将范围缩小到美德，并聚焦于人的德性，即能理性判断善与恶的知识，可称为至善。苏格拉底所说的"美德即知识"中的"知识"指的是对自己的认识，根据苏格拉底的原则，善与道德是人的本性所固有的，因此，"认识你自己"即要认识人的灵魂中关于善的概念的知识。苏格拉底极为重视善的意义，他认为不应将追求快乐当作生活的目标，而应把善作为一切行为的目的，一切伦理道德都应建立在追求至善的基础上，他呼吁城邦全体公民遵守道德法则，进行道德生活的改造，苏格拉底的"美德即知识"这一命题则把真与善统一起来。

苏格拉底认为，知识和德行是同一的，没有人有意作恶或无意为善，一个人若是作恶，那是源于他的无知，他没有对他的道德行为作出准确的判断；而一个人若是认为自己的行为在求善，而最终却犯下大恶，那是因为他缺乏对善的清晰认知，

---

① 汪子嵩,范明生,等.希腊哲学史:第二卷[M].修订版.北京:人民出版社,2014:143.
② 徐秋海.古希腊智者派与哲学派教师比较研究[J].内蒙古师范大学学报（教育科学版）,2017,30(5):4-7.
③ 汪子嵩,范明生,等.希腊哲学史:第二卷[M].修订版.北京:人民出版社,2014:366.
④ 柏拉图.理想国[M].张竹明,译.北京:商务印书馆,2012:237.

这也是无知的一种表现。知识是德行的基础,苏格拉底认为,只有具备相应知识的人才能作出对应的行为,要为善就必须具备善的知识。因此,苏格拉底主张将美德的知识传授给学生,并专注于对"灵魂"的关照,让"灵魂尽可能地善",教育可以造就人的善行,知识可以改善人的心灵,人通过学习知识可以获得理性,学会明智地控制自己的情感和欲望,从而在行动中做到择善弃恶。亚里士多德在柏拉图的基础上提出,一个人若想真正地获得关于美德的知识,他必须从幼年起,就被训练着过道德的、节制的生活,以正确的方式"模仿"美德的行为,并且学会享受美德行为本身。苏格拉底、柏拉图、亚里士多德都认为美德是可以传授的,而教师从事的是一种道德传授的工作。

二、现代世界中的教师:进行道德示范的人

在现代教育哲人的观念中,教师是进行道德示范的人。18世纪法国资本主义的发展受到封建统治制度的强烈束缚,促使了启蒙运动的爆发,启蒙运动者重视理性,尊重人的价值,这一时期欧洲三大教育巨匠——洛克、卢梭以及赫尔巴特受到启蒙运动的影响。卢梭认为人具有善良的天性,而教师的道德修养对保持人的天性有着重要的作用;洛克提出"白板说",认为儿童的心灵犹如一块白板,强调教师、外在环境等对儿童心灵形成的影响;赫尔巴特则对教师的道德素质进行了系统论述,主张教师应发挥道德示范的作用。

(一)卢梭关于教师道德素质的论述

卢梭认为,教师需要具备高尚的品质,其从事教师工作是源自内心深处对教育事业的热爱,而非出于金钱的考虑。其次,教师应该年轻有朝气,聪慧机智,富有蓬勃的生命力,既能激励学生,也能与其建立良好的沟通关系,得到学生的信任。卢梭对教师的学识素养提出要求,他认为懂得教学知识是教师进行教学的前提,教师既要掌握所教学科的知识,具有良好的知识储备,满足理论教学的要求,还应对学生进行身体教育与感官训练。此外,教师还应当了解教学法的知识,即"培养学生的学习兴趣有利于教学效果的提高,因此,教师要懂得如何培养学生爱好学问的兴趣,并抓住关键时期教他们研究学问的方法"。卢梭认为,教师要以身作则,谨言慎行,对待学生要始终抱有极大的耐心,给学生营造一个充满爱心和欢乐的学习环境。

(二)洛克关于教师道德素质的论述

洛克在《教育漫话》中,将礼仪教养列为教师的必备素质。他十分注重一个教师是否具有良好的礼仪与教养,一方面,他认为教师所具有的美德是精神上的一种宝藏,良好的礼仪可使美德焕发出更加耀眼的光芒,可以使他赢得他人的尊重与好

感,如若缺乏礼仪与教养,即使有成就也会被他人看成骄夸、自负。另一方面,作为教师,学问固然重要,但光有学问是不够的,还应养成良好的教养与礼仪,否则学问的效果会大打折扣。他指出教师应以身作则,不仅自身应具有良好的礼仪,还可通过榜样引导的方式,指导学生礼仪的养成。洛克在《教育漫话》中以较大篇幅论述了榜样在儿童教育中的作用,他认为发挥榜样对儿童引领与示范的作用是儿童教育中最简明、有效的一种方法。因此,教师应尽力养成一种习惯性的、优雅礼貌的态度,要使自己的一切言谈、动作、姿态等安闲自如、举止合度,从而既可促进教师良好素养的养成,又能以自身形象感染学生,为学生树立起一个学习的榜样。

洛克认为,教师除了具备良好的礼仪与教养外,还应深知世故人情。世事洞明与人情通达是教师认识与了解学生的前提,也是指导学生的必备素养。他认为,教师只有具备这些素养,才能传授给学生辨别真相的经验。教师具备这两种特质和掌握一定经验后,能够更好地观察与理解学生,对学生的性格、倾向作出准确的判断。一方面,这有利于教师教学工作的开展以及和谐师生关系的形成;另一方面,洛克指出教师只有懂得这些,才能更好地教育学生,教师应在学生走入社会之前就将世间的险恶告诉他们,教会学生理性分析,洞察世事百态,告诉学生在对别人的印象形成之前不要过于相信或贬低他们,要做到防患于未然,这是预防问题的最好办法。

(三) 赫尔巴特关于教师道德教育的论述

赫尔巴特指出教师应有健全的人格,以自身道德修养去启发、引导学生。教师是集教学、管理、训练于一身的,就其身份来说,教师既是一个神圣不可侵犯者,又是一个对学生爱护备至的仁慈的人,教师的每一句话,每一个目光都对学生产生影响。[①] 一个教师如若缺乏健全的人格,那么他将对学生产生不良的影响。在赫尔巴特看来,一个具有健全人格的榜样能引起学生内心的巨大震撼,能担负起教育学生与训练学生的任务。因此,教师应提高自身道德崇高性,发挥对学生的榜样示范作用。

三、道德传授和道德示范

(一) 道德传授的内涵

道德传授作为道德教育的基本方法之一,是指通过向学生传授道德知识,培养受教育主体的道德意识,从而形成正确的道德价值判断和坚定的道德信念。传统的道德传授方法有道德理论知识教授法,即学生通过对道德理论知识的学习进而对道德基本知识、基本规律、基本原则等进行理解与阐释,来增进道德认知能力。

---

① 周晓静.课程德育论[M].北京:人民教育出版社,2010:60.

作为道德传授主体的教师在教学中要开展丰富多彩的道德实践活动,促进道德理论知识与其他学科的结合与渗透,引导学生进行道德反省,开展自我教育。

(二)道德示范的内涵

道德示范作为道德教育的基本方法之一,是指以生动的道德模范形象和行为模范来感染和影响受教育者的方式。树立先进的榜样,号召人们以身作则,其实都是在鼓励人们向崇高的精神境界、道德境界前进。榜样的力量是无限的,它集中了时代、社会或阶级的道德要求,达到了更高的道德标准。在社会主义社会,革命先辈、劳动模范、优秀党员和其他先进人物,都是社会主义高尚道德的模范,通过道德示范的形式,用其高尚的道德素养说服、感召学生,开展榜样教育,能收到良好的教育效果。

如果"关于教师是谁"的古今之变是从道德传授到道德示范,那身处新时代的我们该作出何种抉择?道德传授有利于激发学生对高尚人格的情感和审美享受,促进学生理想道德人格的完善,实现人的全面发展。通过分析古典世界中的教师——智者与"古希腊三贤"的教育内容,可以看到,教师对知识的传授实际上是对一种美德知识的传授,旨在指导学生去认识善和恶,培养学生的道德判断能力,教师从事的是道德传授活动。近现代世界中的教师卢梭、洛克以及赫尔巴特重视教师道德示范的作用,他们认为教师在传授学生科学知识的基础上,还要引导学生道德向善,成为学生精神层面上的引路人,因此,教师可通过榜样示范教育和指引学生。他们指出,教师要严格要求自己,时刻注意自己的言行,不断提高自身道德修养,增强自身道德力,以其丰富的精神世界和高尚的人格魅力感染学生,成为学生尊敬和喜爱的人,学生自然会以这样的教师为榜样,向其学习。教师的道德示范主要体现在"身教"上,正如孔子所说:"其身正,不令而行;其身不正,虽令不从"。[①] 从古典的教师观到现代的教师观,道德教育的主体由学生一人扩大到师生二人。现在我们将这两种道德教育的方式联合起来使用,最大限度地发挥道德教育的效果。

【案例1-3】

最美的乡村教师

刘永国,男,汉族,1961年出生,中专学历,1981年参加工作,至今已有34年,现任小学数学高级教师。

刘老师扎根农村、默默耕耘、忘我工作、无私奉献,已经在农村教育战线上工作了34个春秋。他34年如一日,以校为家,一直工作在教学第一线,长期担任小学数学教学工作。他师德高尚,模范履行教师职责,热爱学生,团结同志,忘我工作,

---

[①] 孔子.论语[M].杨伯峻,杨逢彬,注译.长沙:岳麓书社,2018:161.

无私奉献,为农村的教育事业呕心沥血,教育、教学成效显著,是位德才兼备的优秀教师。34年来,刘老师在平凡的教学岗位上作出了不平凡的贡献。其主要事迹如下:

(1) 师德高尚、身正为范。

1981年1月,刘老师踏上了农村小学教育的"三尺讲台"。从那时起,他就把人生的坐标定在了为教育献身的轨迹上。他热爱教育事业、热爱教师职业、热爱每一个学生,把自己的事业看得神圣无比。为了做好教师这项神圣的工作,他始终坚持不断地学习,坚持阅读有关教育学、心理学方面的书籍和教育教学刊物,虚心学习老教师的教育教学经验,向年轻教师学习怎样制作课件、怎样熟练操作电脑等现代教学手段,努力做一名高品位的合格的人民教师。他深知没有坚实、厚重的业务功底,没有准确的知识结构,没有先进的教育思想,就无法胜任太阳底下最光辉的教师这一职业。他在教学中力争做到思路清晰透彻,通过耐心寻味的启发,深入浅出的讲解,使每一节课都成为精雕细琢的示范课。

(2) 细心关爱,耐心帮助。

教师对学生的爱源于母爱,却胜于母爱。因为老师对学生的这种细心的爱,是一种理性的爱,它能唤醒学生身上一切美好的东西,激发他们扬帆前进。刘老师在教育教学工作中,练就了一双敏锐的眼睛,养成了一颗细微的心,能及时发现学生身上的问题、存在的异样,并能及时纠正问题耐心地教育和培养这类学生,使之沿着健康的道路前行。在刘老师所在的班级里,始终洋溢着一股暖流,似一团和风细雨,感染着整个班级,渗透到每个学生的心中。比如,班里有个女孩叫丁路禅,她学习很好,可就是不敢在同学面前发言,是班里有名的"胆小鬼"。为了帮助她练习胆量,刘老师课上经常提问她一些很容易的问题,并且课下经常找她谈心,鼓励她大胆发言。当发现她的数学很好时,就在学校每周一次的数学朗读学习中,让她带着大家朗读。渐渐地,遇到数学课上的一分钟演讲,她也能够大胆地走上台来。后来丁路禅同学的学习更是突飞猛进,还当上了课代表。看着孩子的成长,他心里有说不出的喜悦。刘老师的细心关爱就像水一样滋润着每一位学生,使班内的"鹅卵石"们日臻完美。

这样的例子在刘老师身上很多很多,他时刻把德育工作放在教学工作的首位,既教书又育人,使班上的学生都能够全面发展,健康成长。他经常挂在嘴边的一句话就是"教学无小事,育人需精心"。

(3) 恪尽职守、任劳任怨。

任教36年来,刘老师始终默默耕耘在"三尺讲台"。他恪尽职守、任劳任怨、不求回报、只讲奉献。历年来,他所担任的学科在全县组织的统考中总是名列前茅,他辅导的学生在各级竞赛中多次获奖。

刘老师献身教育、甘为人梯,用自己坚实的臂膀托起学生攀登新的高峰;甘愿化为春蚕,用才能让知识与智慧延伸;甘愿当园丁,用爱心和汗水培育桃李芬芳。日复一日的平凡岁月,默默耕耘的无悔人生,他凭着对教育事业执着的追求和强烈的责任感,在"三尺讲台"上书写自己的完美人生,他是教育战线上一颗璀璨的明星,是值得大家学习的好榜样,是完美的乡村教师。

"路漫漫其修远兮,吾将上下而求索。"刘老师知道教师吃的是一碗良心饭,教学工作任重而道远。勤教学、苦钻研,不图名利,脚踏实地继续默默无闻地工作。就如沙漠中的一种无名花,无需肥沃的土地,也无需充足的水分,做到吸收得比别人少,开出花儿比别人美,更可贵的是奉献的比别人多。从初登讲坛的青涩,到今天的沉稳娴熟,在这小小的三尺讲台上,刘老师用真情和汗水演绎自己的精彩人生。他凭借自己丰富深厚的学识基础、创新求真的教学风格和对教育事业的无限忠诚,感动并带动着身边的莘莘学子共同徜徉在知识的海洋里。

在我们眼中,他就是最美的乡村教师。我们相信,刘老师一定会在教育这片热土上越来越成熟,越来越优秀。

资料来源:应届毕业生网.教书育人先进事迹材料[EB/OL].(2021-09-05).https://www.yjbys.com/shijicailiao/2494551.html.

【点评】 案例中的刘永国老师在其36年的任教生涯中,认真对待教育工作,恪尽职守、任劳任怨,时刻把德育工作放在教学工作的首位,践行着教书育人的使命,以学生的发展为本,注重对学生的道德教育。刘永国老师在多年的教学生涯中,以其自身的行为,体现了学高为师、身正为范的真正意义。他关心学生的成长,将每一个学生当作自己的孩子,刘老师以其默默耕耘无私奉献,热爱教育事业的精神感染了无数学生,给学生树立了学习的榜样,进一步提高了学生的学习成绩与道德修养。

【拓展阅读】

道德教育的方法

道德教育是一种兼具思想性和实践性的价值教育,是建立在受教育者可接受程度之基础上的对话,是在沟通中达到说服和引导的教化过程。道德教育的特征有:内容的广博性、环节的互动性、起点的多端性、进程的复杂性和功能的实践性。基于这些特征,道德教育的方法可以说是多样化的,实际操作方法非常复杂,而且在个体发展的不同阶段,具体方式也不同,传统道德教育主要是以行为规范法、榜样示范法、情境法和奖惩法等道德训练方式展开。

(1) 行为规范法。

行为规范,是受教育者参与社会活动中所遵循的规则、准则的总称,是社会认可和人们普遍接受的具有一般约束力的道德规则、道德规范。行为规范法是人们根据需要确立的价值判断,它以道德的方式对社会成员进行引导、规范和约束。

(2) 榜样示范法。

榜样示范法,是道德教育的重要方法。一方面,中华传统文化中有大量道德叙事故事,这些故事将生动的道德形象、真挚的心灵感动和真切的道德经验融入故事,具有较高的教育价值,其思想和行为能够激励人们不断向善。另一方面,社会实践生活中时常涌现出具有积极道德影响的典型人物,他们是当代社会的活榜样,他们以高尚的道德情操、巨大的人格魅力对他人产生影响,使道德教育变得更生动、直接、真实,对受教育者的思想和行为产生较大影响。

(3) 情境法。

情境法,是使道德教育对象处于特定情境中,通过设身处地的想象或亲历,加深道德认知、激发道德情感、形成道德判断和道德评价的方式。这种道德教育方式也是产生同情、移情和发生情感共鸣的有效方式。

(4) 奖惩法。

奖惩法,是利用奖励或惩罚的方法,对人们的一些行为给予道德上的奖励或惩罚,激发人们内在动力。奖励的方式有物质性的奖励和精神性的奖励。从心理学角度讲,尽量多奖励少惩罚,而且奖惩要得当。

资料来源:黄彦华.近代西方情感主义伦理学与道德教育[M].银川:宁夏人民出版社,2017:141-143.

本章小结

作为教育活动的实施者,教师在社会发展的过程中扮演着十分重要的角色,承担着传递知识的使命。在中西教师发展的历史长河中,由于文化传统的不同,教师的发展呈现不同的演变脉络,在古典世界中,以智者与哲学派教师为代表的古希腊教师是外国教育史上较早的教师群体,到中世纪带有神学封建色彩的僧侣教师,再到现代世界中通过分析卢梭、洛克以及赫尔巴特三位教育巨匠的著作得出教师的流变历程。纵观我国教师角色经历了从古代社会:肩负教化责任的圣贤之师到现代社会:实现教人成人价值的专业之师的流变,教师的演变历程和文化的发展密不可分。基于中方与西方、古代与现代得出关于"教师是谁"的本体性的思考——古典世界中的教师是进行道德传授的人,现代世界中的教师是进行道德示范的人。

思考题

(1) 简述西方视野中的教师流变。

(2) 什么是肩负教化责任的圣贤之师的教师角色?

(3) 如何理解教师是终身学习者?

(4) 如何理解古典世界中的教师是进行道德传授的人?

第二章 教师身份的伦理表征

【学习目标】
(1) 了解身份的内涵和特征。
(2) 理解教师教育者的伦理身份的表征。
(3) 掌握教师教育者身份的伦理表征。

教师这个职业自诞生以来,就已经带有浓厚的伦理色彩,他们是社会的榜样、模范,是社会良心的守望者,是道德的引路人等。教师的伦理身份凸显了教师这一群体深刻的社会属性。本章主要从教师身份的概念、教师教育者伦理身份的表征、教师伦理身份的时代表征对教师身份的伦理表征进行详细论述。

第一节 教师身份的概念

一、教师身份的内涵

(一)身份的内涵及类型

1. 身份的内涵

汉语"身份"一词对应的英文单词是"identity"。从词源来看,"identity"来自拉丁文"idem",意为"相同""同一"。《牛津词典高阶英汉双解词典(第9版)》中对"identity"的解释有以下三层意思:身份、本身、本体;特征、特有的感觉(或信仰);同一性、相同、一致。从这三个基本含义来看,"identity"一词包含物体的相似性(similarity)和独特性(difference)两层内涵,既关涉个体的差异,又触及群体的同一。因此,"identity"既可译为"身份",又可以译为"认同"。"身份"更多地指社会和他人对个人的要求,主要是与个人所属职业及其在整个社会中的声誉和地位有关的社会要求；除侧重职业身份和地位外，还涉及政治、经济、文化、法律等多重层面的身份及其地位。"身份认同"则更多是指个体对自身的理解和认识，以及身体存在的价值和意义，即人们对"我是谁""我将成为怎样的人"等问题的理解与认同。

2. 身份的类型

美国学者吉（Gee）将身份划分为四类，即"自然身份（nature identity）、制度身份（institution identity）、话语身份（discourse identity）和亲和身份（affinity identity）"。① 吉对这四种身份的形成过程、形成来源及其力量来源进行了分析。具体参见表2-1。

表2-1 四种身份类型

	形成过程	形成来源	力量来源
自然身份：一种状态	自然形成	被迫的	自然
制度身份：一种职位	被授权	某种权威	机构/制度
话语身份：个人特征	承认	话语/对话	关系
亲和身份：经验	分享	实践	亲和群体

资料来源：Gee J P. Identity as an analytic lens for research in education[J]. Review of research in education, 2001(25):100.

首先，自然身份是对自己的一种认识，认为自己是一种源自于"自然"的力量。天生的特性是无法改变的，它是由一个人所处的或生存的条件决定的。其次，制度身份是由权威制度（机构）授予某个体的身份，是由具有权威的制度（机构）如法律、制度、传统习俗等决定的，具体规定了个人权利与义务。再次，话语身份是对于个体特质的认识，指的是一个人在话语中所取得的成就。这种认同是个人能够借由自身的努力而获得的。最重要的是，这种身份最终来源于他者的认可，这里的"他者"强调外人对个体的认可、评价不是外部强制要求的。② 正如吉所解释的，与制度身份密切相关，二者相互影响，即有些制度身份需要话语身份作支撑，话语身份在一定程度上会受到制度身份的影响。③ 最后，亲和身份是在亲和群体中形成的身份。亲和群体是基于成员间的共同利益而组成的。成员间的忠诚是在长期工作实践中建立起来的，同时这种实践经历会使个体意识到自身具备了"某种人"特质，从而拥有了个体亲和身份。

---

① Gee J P. Identity as an analytic lens for research in education[J]. Review of research in education, 2001(25):99-125.

② Gee J P. Identity as an analytic lens for research in education[J]. Review of research in education, 2001(25):100-102.

③ Gee J P. Identity as an analytic lens for research in education[J]. Review of research in education, 2001(25):104.

（二）教师身份类型

根据吉的身份理论，教师身份可以划分为自然身份、制度身份、话语身份与亲和身份这四个维度。

1. 教师的自然身份

自然身份是由自然力量赋予的，个体生来就有的身份，它是由个体的基因等生理因素决定的，是个体存在的状态。但个体的自然身份只有被外界认可、承认的时候，才能成为真正意义上的身份，从这个角度来说，自然身份渗透其他三种身份，与其他三种身份紧密相连。① 因此，自然身份要成为身份的一种，其前提条件是能够被自己或他人识别，并以一种有意义的形式构成"我是这种人"②。

教师的自然身份是指教师个体所处的状态，对于这种状态的觉知可能经由自我反思，或者是经由教育机构、他人、教师团体影响，进而认识到这样一种"与生俱来"的身份属性。

2. 教师的制度身份

制度身份是由国家权威机构赋予的，这种身份赋予的力量来源不是自然也不是某个人，而是国家制度，包括法律法规以及各种规范等，是具有符号意义的"我是谁"的规定③。教师的制度身份是指由国家法定的，从事具体教育教学工作的专有称谓或符号。

3. 教师的话语身份

话语身份是一种与个体的个性品质有关的、被"理性他人"通过话语而承认的身份。④ 这种身份的来源是理性他者的认可，是一种关系性存在中的话语认同。例如，将教师隐喻为"春蚕""红烛"等就属于一种话语身份。因此，教师的话语身份是教师通过无私奉献和呕心沥血而获取的理性他者认可的一种话语权利和影响力的象征。⑤

4. 教师的亲和身份

亲和身份是个体与拥有共同文化、共同兴趣爱好、共同目标或共同利益的群体组成某种"亲密团体"，在这个亲密团体中，个体积极主动地参与各种实践活动，并

---

① 李静郁.对我国教师教育者身份认同研究现状的述评:基于 Gee 的身份理论[J].当代教育科学，2017(7):28-31.

② 马文静,胡艳.成为教师教育者:基于大学教师教育者身份建构的质性研究[J].教育学报，2018,14(6):88-96.

③ Gee J P. Identity as an analytic lens for research in education[J]. Review of research in education, 2001(25):99-125.

④ 李静郁.对我国教师教育者身份认同研究现状的述评:基于 Gee 的身份理论[J].当代教育科学，2017(7):28-31.

⑤ 宁双,李臣之.人工智能视域下教师身份危机与重塑[J].中小学德育，2023(5):9-13.

能忠诚地与其他成员分享自身经验而表现出的合作形象。① 教师的亲和身份体现在教师学习共同体中，教师集体备课、互相观课、参与评课，形成了基于这一学习共同体的自我身份认同。② 因此，教师的亲和身份是指教师个体与拥有共同兴趣、共同目标或共同利益的教师群体形成的教师共同体，在这个团体中，教师个体通过积极参与各种教育教学实践活动而表现出的一种合作形象。

二、教师身份特点

作为一种职业身份，教师身份兼具个体性、社会性、文化建构性、复杂性等特点。

（一）个体性

身份的个体性是指个体对自身的确认和对自身身份的主动认同。教师身份的个体性是指教师个体对自身的教师身份的确认和对自身教师身份的主动认同。

（二）社会性

身份的根本属性是一种"关系型"现象，存在于特定的社会关系中。这是由人存在的特殊性所决定的——人在本质上就是各种社会关系的产物。因此，离开了社会及其关系，专业身份无法得到合理的解释。

教师是人类社会发展到一定阶段的产物，作为特定的社会存在，其产生、发展及社会地位的变化与保障都具有社会性。③ 因此，教师身份的社会性是指作为社会人，在社会中的角色和地位，以及其在教育领域中扮演的角色和承担的责任。

（三）文化建构性

身份具有文化建构性的特征，表现为身份的主观价值预设中，正因为存在与经济、政治结构之间无直接联系的主观的价值预期，行动者的实践具有了某种被强制性或自我强制性，所谓"本分工作观"或"天生工作观"就是职业文化建构性的体现。④ 个体有着怎样的身份感依赖于个体对外部角色期待进行认同并赋予其意义，有主动建构的成分存在。处于文化建构中的身份内涵是通过价值的正当性与非正当性之间的差异而体现出来的。

教师身份的文化建构性是指教师个体对自身生存状态和价值的理解，并在价

---

① Gee J P. Identity as an analytic lens for research in education[J]. Review of research in education, 2001(25):99-125.
② 宁双,李臣之.人工智能视域下教师身份危机与重塑[J].中小学德育,2023(5):9-13.
③ 赵荷花.谁使我们成为教师:论教师身份之特性[J].教育与实验研究,2010(4):50-60.
④ 杨跃.教师教育学[M].北京:北京师范大学出版社,2016:105.

值的正当性和非正当性之间,通过建构职业文化体现身份的差异。[①] 教师对自己身份的感知是教师历经时空变化后,其自身与自我、人际群体及政策、制度等对教师赋予的角色期待直接"协商"的结果。这个"协商"的过程就是教师身份建构的过程。

(四) 复杂性

根据吉的身份理论,个体在不同的社会群体或集体中有着不同的身份定位,这些身份是相互并存,相互作用。身份认同伴随着个体的生命历程,是个体与外界对接过程中解释与再解释的过程,这个过程是复杂的。

教师身份的复杂性是指教师在不同的社会群体或集体中,有着不同的身份。例如,在学校中是教师;在社会中既是教师,也是一名普通的社会成员;在家是子女,是父母等。

第二节 教师教育者身份的伦理表征

一、教师教育者的概念

教师教育者(teacher's teacher)是个舶来词,顾名思义,教师的教师。由于教师教育者群体构成在不同的国家有所差异,因此对教师教育者这一概念并没有一致的定义。一般认为教师教育者概念主要有广义和狭义两种。

(一) 广义的教师教育者

学者凯瑞(Kari)将教师教育者界定为帮助准教师奠定专业基础知识,并传授给他们能够独立地、持续地获得专业发展的工具人。[②] 鲍勃(Bob)、梅卡(Mieke Brieklmans)等认为教师教育者即为准教师提供教学,或对其进行引导与支援的人,同时也是给予准教师实质性帮助以使其不断发展并最终成为胜任教师职业的人。[③] 基于以上观点,笔者认为广义的教师教育者是指凡是有意识、有目的地促进教师发展的人都可以称之为教师教育者,这既包括大学教育中负责教育、培养未来

[①] 祝成林.高职院校教师的身份及其文化建构[J].教师教育研究,2017,29(3):19-24.
[②] Smith K. Teacher educators' expertise: what do novice teachers and teacher educators say?[J]. Teaching and Teacher Education,2005(21):177-192.
[③] Koster B, Brekelmans M, Korthagen F, et al. Quality requirements for teacher educators[J]. Teaching and Teacher Education,2005(21):157-176.

中小学教师的教师,也包括指导师范生教育实习的中小学合作教师,还包括指导初任教师顺利入职的指导教师以及为在职教师提供继续教育的大学教师。

（二）狭义的教师教育者

狭义的教师教育者是仅指为师范生讲授教育教学理论,培养其教学和研究能力的专业人员,把教师教育者限定于承担引导教师专业成长工作的人。[1] 如我国学者李学农认为,教师教育者是专注于教学和研究教师专业发展的人员,是教师专业发展的引领者或导师。[2]

二、教师教育者身份的伦理表征

教师教育者伦理身份体现了教师教育者在教师教育过程应具备的道德和伦理素养。教师教育者作为教师的教师,作为学者的代表,理应为社会伦理和道德建构出一份力。并且教师教育者作为高校教师的一分子,人们对其伦理和道德方面有着更高的要求。因此,探究教师教育者的伦理身份在各种社会背景下都有着积极的价值。

（一）教师教育专业伦理知识的建构者

在教育伦理学领域中存在着大量的隐性知识,但尚未被重视。因此,教师教育者应当成为伦理知识的建构者,将伦理学隐性知识显性化,促进自身及准教师们专业伦理素质的提高。

1. 教师教育专业伦理知识的内涵

教师伦理知识从概念上来看,其属于教师教育者专业知识的重要组成部分,但也是"专业知识中较重要但被忽视的方面之一"。[3]坎贝尔认为伦理知识"是一种道德智慧或判断,存在于对教育政策的理性反思之中,它们应该恰当地提醒合格教师的专业意识"。[4]由此可以推断出,教师教育专业伦理知识是由教师教育者基于理性反思而生成的道德智慧运用于特定的教学情境中,它是一种经实践而表现出来的道德能力和思维。从内涵来看,教师教育专业伦理知识由理论性知识和实践性知识两个部分组成。

2. 教师教育者建构教师教育专业伦理知识的路径

（1）教师教育者在学习中建构教师教育专业伦理知识。

教师教育者的学习包括理论学习和经验性学习两种形式,通过这两种学习形

---

[1] 刘径言.教师教育者的身份研究[M].北京:社会科学出版社,2022:5.
[2] 李学农.论教师教育者[J].当代教师教育,2018(1):47-50.
[3] 坎贝尔.伦理型教师[M].王凯,杜芳芳,译.上海:华东师范大学出版社,2011:2.
[4] 坎贝尔.伦理型教师[M].王凯,杜芳芳,译.上海:华东师范大学出版社,2011:21.

式来构建教师教育专业伦理知识。

首先,教师教育者通过理论学习来构建教师教育专业伦理知识。理论学习包括两个方面:一是对已学习的专业伦理知识的再学习。在上岗之前,教师教育者多少都会接触一些专业伦理知识。然而,这些知识大多仅仅是对专业伦理知识概念的理解和记忆,较为抽象,与具体的教育伦理实践的联系不大,应用力度较小,难以迁移到具体的教育伦理困境中。为解决这一问题,教师教育者有必要重新学习专业伦理知识。二是学习新的专业伦理知识。教师教育专业伦理理论总是在不断发展,同时新的教育伦理理论也不断涌现。在社会主义教育事业发展的新时期,新的教育伦理对教师教育事业的指导作用日益凸显。这就要求教师教育者与时俱进,学习教育伦理知识,加强理论修养,获取新的知识,形成新的教师教育专业伦理知识。

其次,教师教育者通过经验性学习来构建教师教育专业伦理知识。科尔伯曾说过,学习就是"掌握经验和改造经验"。经验性学习是教师教育者学习的重要形式,也是构建教师教育专业伦理知识的重要途径。教师教育者要成为教师教育专业伦理知识的构建者,就需要重视从自身和他人的经验中学习和建构教师教育专业伦理知识。经验性学习分为自发的经验学习和自觉的经验学习。教师教育者在日常生活和教育教学场景中会经历各种伦理情境,接触不同的伦理关系,往往会自然地获取一些感受、理解和认识。这种自然获得知识的过程就是自发的经验学习。自觉的经验学习是指教师教育者通过观察、反思、总结以及积极参与各种伦理实践活动,从中获取知识。无论是自发的经验学习还是自觉的经验学习,都强调教师教育者对经验的反思。作为教师教育专业伦理知识的建构者,教师教育者应当对经验性学习所获得的知识加以反思,使经验学习成为一种"反思性经验学习",从而不断有意识地增加自己的教师教育专业伦理知识。

(2)教师教育者在教学中建构教师教育专业伦理知识。

在日常教学中,教师教育者的个人专业伦理知识的建构显得更加突出。这是由于在教学中存在一些难以预见性、时间的紧迫性和条件的制约性等情况。难以预见性指的是课堂教学中会出现一些偶然事件,无法事先预计或预测。时间的紧迫性指的是在有限的教学时间内,教师需要迅速作出决策和采取相应行动来应对意外情况。这种时间的压力不允许教师选择从理论上可能的多种行动路线和方案。而条件的制约性指的是课堂上预先安排的教学设备、课程计划等是相对固定的,很少有机会进行临时增补。换句话说,教学活动一般只能在已有条件下开展,而无法完全按照课前设计的方案进行。那么,教师教育者应该如何在教学中构建专业伦理知识呢?

首先,教师教育者在常规的教学活动中建构教师教育专业伦理知识。教师教育者在常规教学中,遵循一系列伦理道德规范,并且没有需要灵活应变的情况。长期从事这种常规化的教师教育工作,教师教育者的教学行为越来越熟练且呈现日趋常态化的趋势。然而,随之而来的是教师教育者自我意识的减弱和创新意识的衰退。因此,在这样的环境中,教师教育者建构新的教师教育专业伦理知识需要对日常教学行为进行反思。教师教育者应主动担当起教育行动的主体角色,通过实践反思获得自身经验,并进而构建内在逻辑结构完备的教育理论。

其次,教师教育者在偶发事件中建构教师教育专业伦理知识。上述常规教学是少见的。因为在教学实践中随时都可能出现一些不可预料的偶发事件。这些偶发事件迫使教师教育者不得不及时应对,这有利于教师教育者在教学中形成"教育机智"。教育机智(educational wisdom)是指教师在教育教学活动中所表现出的一种随机应变的能力,即教师对学生的各种表现,尤其是对意外情况和偶发事件及时做出灵敏反应,并能采取妥当的措施解决问题的能力。① 教育机智是在具体的教学伦理情境中体现自己反思性的智慧。② 教育机智具有事件突发性、处理的迅速性和效果的良好性等特征。③ 那么教育机智是如何形成的呢?

教育机智形成的过程:遇到需要教育机智解决的问题→问题激活了教师教育者的灵感→检验效果→将教育机智存入记忆。也就是说,教育机智是教师教育者在教学过程中根据意外情况,准确、恰当、敏捷地作出判断,随机应变、恰到好处地采取措施的智慧。

随着教学活动的不断延续,解决教学中的偶发性问题越来越多,教师教育者的教育智慧会越来越丰富,这就意味着教师教育者的教师教育专业伦理知识也会越来越丰富。正如范梅南所说:"教育智慧也是知识的一种形式。"④

(二) 教师教育者是道德生活的引领者

人类自从进入文明社会以来,师者就承担起引导社会文明文化与道德的发展的责任。"传道授业解惑"从古至今都被视为师者的神圣使命。而在学校创建之初,"道"的引领就成为师者职责的基石和核心,引领学生们走向正确的道路。"君子务本,本立而道生"⑤,古代的师者遵循的"道"是以建立一个太平、稳定、有秩序有纲纪的大同社会,引领人们过上道德生活与物质生活都完美的理想生活。因此,对"道"的追寻,就是要在个人行动上消除"主观任意",从而建立起一个完整的、以人为本、以人的精神为本的伦理文化。但是,道德的人生也不是完美的,人类的本性有善有恶,而"道德并非人类生活的一种'自然特性',而是需要构思并注入人类行为的东西"。⑥在古代,大部分的师者都是以战胜人性的天然状态为基础,以引导

---

① 石岩.高等教育心理学[M].2版.太原:山西人民出版社,2014:42.
② 范梅南.教学机智:教育智慧的意蕴[M].李树英,译.2版.北京:教育科学出版社,2014:197.
③ 何齐宗.教育美学新论[M].北京:人民教育出版社,2017:195.
④ 范梅南.教学机智:教育智慧的意蕴[M].李树英,译.2版.北京:教育科学出版社,2014:196.
⑤ 论语·大学·中庸[M].陈晓芬,徐儒宗,译注.北京:中华书局,2011:8.
⑥ 鲍曼.后现代伦理学[M].张成岗,译.南京:江苏人民出版社,2002:7.

人们选择人性中的"善",以期达到一个公平、公正的理想社会。就人类良知和社会良知而言,古代师者是人类社会的开创者,他们挖掘内心,雕琢自己的精神。所以,要实现师者的自我塑造,就需要他们打破长期形成的习惯,正视和分析自己,寻找和超越以前的自我,建立全新的自我,而不是被动地任由他人牵着鼻子走。

提升全人类的道德水平,不仅是每个人的终极追求,也是学者的终极目标。而随着当今社会科学技术的发展,世界各国都处于极其复杂的环境中,不同的教育价值观不断地发生激烈的碰撞,不同的教育利益关系不断地发生冲突和对抗,随之而来的是一种更迫切、更深刻的道德召唤。尤其是处于此时"未定型"阶段的师范生们,面对如此复杂的局面,面对不同教育价值观的冲击,他们感到迷茫,不知如何做选择,这时就需要真正的道德启蒙者引领他们走上有价值的道德生活。

【案例 2-1】

"最美教师"周荣方:让思政课行走起来

干练的短发、洪亮的声音、极具感染力的讲述常常让学生和听众沉浸其中……刚刚被评为2022年"最美教师"的郑州大学思政课老师周荣方,任教15年来,积极探索直播讲党史、主持微博话题,坚持在基层调研汲取营养,创新思政课授课方式。

"行走的思政课"是周荣方在微博主持的话题,也是她通过新媒体对教学创新的尝试,目前阅读量将近3000万。与此同时,她还通过直播讲党史让思政课走出了课堂,感染更多人。

"那一天是1966年2月26日,天空含黛,大河呜咽,多灾多难的兰考人民,迎回了他们最优秀的儿子——已故的县委书记焦裕禄……"讲到这里,周荣方几度哽咽,这节在网络直播的思政课不仅让现场的学生感动,更是感动了亿万网友,全网点击量突破34亿次。

听周荣方讲课,总会被她的真情感染。周荣方说:"除了理论研究,我还喜欢到基层一线,与抗疫一线人员、脱贫攻坚的干部、乡村振兴带头人以及踏实苦干的人民群众在一起,倾听他们的故事,并将这样的家国情怀融入课程。"

周荣方的同事、郑州大学马克思主义学院"中国近现代史纲要"教研室教师郑秀娟说:"从她的课就可以看出,她有来自基层的鲜活故事,多年的研究和教学经验让她能够将道理和逻辑讲得清晰明了,加上她讲课投入了感情,她讲的思政课,总是那么受学生追捧。"

怎样才能讲好大思政课?周荣方的办法是紧跟时代、映照现实、知行合一。在疫情防控中,周荣方多次加入社区志愿者团队,并在微博记录"志愿者日记",以一名亲身参与者的身份讲述身边基层党员的感人故事。

"这次加入志愿者团队,我感触很深。我发现,每一位党员都很为自己的身份骄傲,认为自己就应该多做多付出。有人甚至把自己的微信名也专门加上'党员'

两个字,我很感动。中国共产党党员——这是一个值得我们骄傲一生的称号!"这是周荣方日记中的一段话。

17篇日记,不到20天,阅读量达到200多万。她将思政课讲在了抗疫一线,讲在了广阔的社会大课堂。有网友留言:"看了周老师的日记,我也报名当了志愿者。"

周荣方努力探索网络思政传播特点,和同事、学生们共同打造了"校园一分钟""抖音经典阅读"等网络品牌,凝练出"联动教学法",并获得河南省高等教育教学成果特等奖。学生们都说:"没想到思政课也能这么'潮'!"

郑州大学学生代嘉辰说:"周老师讲'中国近现代史纲要',能通过创设情境,把我们带入历史的维度中,调动我们的课堂情绪。"用心去讲,动情去讲,让周荣方的思政课很受欢迎,还有很多学生想办法去"蹭课"。

资料来源:新华网."最美教师"周荣方:让思政课行走起来[EB/OL].(2022-10-02).http://www.news.cn/ha/2022-09/10/c_1128993539.htm.

【点评】 案例中的周老师紧跟时代要求,积极地投入到实践中,做到知行合一。她发现并用新时代的故事讲好每堂大思政课,以大思政课为抓手,讲深讲透讲活道理,厚植情怀,在青年学子心中播下信仰的种子,真正成为一名道德生活的引领者。

"百年大计,教育文本;教育大计,教师为本。努力培养造就一大批一流教师,不断提高教师队伍整体素质,是当前和今后一段时间我国教育事业发展的紧迫任务。"[1]教师教育者是培养优秀教师的专业人员,是推进教育事业现代化进程的主力军,对社会主义教育事业的发展起着无可替代的作用。因此,教师教育者理应承担起引领社会道德风尚的社会责任,这也是其使命所在。

教师教育者在引领教师发展、塑造教师品格、推动教育公平等方面发挥着独特作用。教师教育者首先要以专业知识为教育基础、以塑造健全人格为重点、以培养社会责任感为保障,在学会学习、学会做人、学会实践等方面,激发师范生潜能、张扬其个性,让师范生从一个纯粹的知识接受者,转化为积极主动为社会主义教育事业而努力的奋斗者。因此,教师教育者需要具有扎实的专业知识和精湛的教学技术。他们应善于发掘本学科专业所包含的科学原理、哲学思想、社会伦理等育人因素。在传授知识的同时,教师教育者也要教会学生学会观察、思考,学会处理人与人、人与社会、人与自身之间存在的联系,从而将教育教学的知识传授过程升华为对德智体美劳全面发展的培养的进程,为准教师成为一名优秀的人民教师奠定夯实的基础。

---

[1] 习近平.做党和人民满意的好老师:同北京师范大学师生代表座谈时的讲话[EB/OL].(2014-09-09).https://www.gov.cn/xinwen/2014-09/10/content_2747765.htm.

（三）教师教育者是社会责任的承担者

在人类历史长河中,在浩如烟海的教学经典中,我们可以发现,古代师者的博学多才、高风亮节。他们不仅深入研究古籍,批判挖掘其中微小而隐晦的细节,还以远见卓识指导当时的教育事业,他们为照亮未来的教育道路贡献了自己的一份力量。人们常常用"多事之秋"来形容动荡不安的年代。而在乱世中,那些被称之为"象牙塔"的地方,缺少了一种超然物外的神圣和宁静,却多了一种风雨交加的阴暗和压抑。在大学校园里,教师教育者在"四面楚歌"的环境中解读的不仅仅是年轻人的未来和理想的价值,还有国家民族教育事业的命运和兴衰。在这个动荡的时代背景下,师者的角色变得更加重要,他们不仅仅要教授知识,而且要成为学生的引路人,引导他们走向正确的道路。同时,师者也需要独立思考和审视自己的行为,以保持正直和公正,为社会带来更多希望和光明。通过教育,可以为每个人带来一丝安宁和温暖,让他们在黑暗中找到前行的方向。因此,师者的责任不仅仅是教书育人,更是引导和启迪年轻人的心灵,让他们成为社会的栋梁之材,为国家的繁荣和民族的希望作出贡献。

在许多事件上,尤其是有关教育事件,教师教育者总是保持着一种知识分子式的理想主义情绪,而理想主义者则追求精神上的纯洁。但这种转变却是基于现实,并且超出了现实。他们立足于当下,面向未来。纵然他们面对极大的困难,纵然他们被困在一堵铜墙铁壁之中,但为了青年教师的前途,为了国家教育的希望,他们还是像骑士一样,站在了危险的边缘。在人们感到绝望的时候,他们振臂高呼,试图用教育的力量让人们清醒过来。这种以人文关怀为中心,运用专业知识教育大众的导师们才是真正的"大先生",他们通过治理国家、教育众生、勇于领先的精神,诠释了"大先生"在社会中承担的使命和责任。

【案例 2-2】

重返讲台,虽是银发心未老
——记高校银龄教师支援西部计划团队

针对西部地区高校高水平师资不足状况,发挥部直属高校离退休人员政治、经验、威望、专业优势,2020 年,教育部启动"高校银龄教师支援西部计划"试点,决定组织动员部直属 60 所高校具有副高以上职称、年龄不超过 70 岁的退休教师到新疆、云南 3 所高校支教,承担课堂教学、指导科研、培养团队等任务。在试点基础上,2021—2022 学年,该计划扩大实施,2 年来共有 100 所学校的 459 名银龄教师远赴西陲,站在了 10 所西部高校的讲台上。

银龄教师的风采不仅体现在讲台,助力西部高校重要学科点建设、助力提升学科服务当地社会发展的水平,给予青年教师以育人理念、专业能力、学术眼光的启迪更是他们"余热"的最好体现。

中小学语文教材话语体系问题"我国语言生活派的兴起与喀大语言学科的可为天地""语言生活与语言态度调查方法与实施"……苏新春从厦门大学万里征程来到喀什大学,一个月内就应3个学院邀请开展了3场学术讲座。一来到喀什的他,就敏锐地发现这是一片语言学的热土,他深入南疆各地调研,走访农户和政府部门,了解当地的语言和生活、国家通用语言文字普及使用情况,并为推广普通话工作建言献策。在他的主持推动下,喀什大学人文学院、中国语言学院、外国语学院语言学科的教师、教学资源正在积极整合中,以期打造科学、团结、高效的语言学科研团队,更好地发挥辐射、服务南疆的作用。

"年轻老师看到我在场,都张不开嘴,我就做示范,感觉我在爬山耐力上肯定比他们强。"为了提高青年教师野外地质实习教学质量,加强学生野外地质认知能力和学习效果,吉林大学援派到塔里木大学的银龄教师王钢城亲自到天山戈壁进行野外地质考察。他利用自己的无人机和相机进行了大量的航拍拍摄工作,先后完成了5个实习基地(线路)的地层年代表与代表性典型地质剖面图的编制和绘制工作,极大地丰富了水利与建筑工程学院工程地质教学实习内容,有效提升了实习教学效果。

想申报项目却不知道计划书怎么写,是不少西部高校"青椒"的困惑。孙洪教授利用主持并完成多项国家高技术研究发展计划(简称863计划)项目和国家自然科学基金项目的经历,指导西昌学院教师申报了6项国家科研项目,在选题方向、凝练科学问题、研究目的及意义、课题研究内容、研究方案、创新点、项目执行计划、写作技巧等每一个环节都进行了充分的讨论,有的本子反复修改达到10余次。一位年轻教师在她的指导下,利用数字化技术保存、开发利用凉山彝族壁画遗产资源,并成功申报了国家民族事务委员会的科研项目,实现二级学院国家级项目零的突破。

资料来源:周世祥.重返讲台,虽是银发心未老:记高校银龄教师支援西部计划团队[N].光明日报,2022-09-04(9).

【点评】 案例中的高校银龄教师面对我国西部高校水平师资不足的情况下,毅然决然地走上了西部支教的道路,有效带动了学校教育教学、立德树人、队伍建设、科研创新能力和人才培养质量整体提升。他们运用自身专业知识服务于我国西部建设事业中。他们以经邦济世、教化天下、敢为人先的精神,对"大先生"的社会使命和责任感进行了生动阐释。

教育是社会进步和发展的基石,而教师则是教育的中坚力量。作为教师教育者,他们肩负着培养未来教师的重要任务,并承担着塑造社会未来的责任。因此提高教师队伍的质量,是教师教育者的使命,也是其应承担的责任。

首先,培养教育人才是教师教育者的根本使命所在。教师教育者通过传授学科知识、培养教育素养和专业技能,以及促进师范生教学能力和创新能力的发展,是将师范生们塑造成为优秀教育者的关键角色。只有通过教师教育者的努力,才能培养出拥有高质量教育背景的教育人才,为社会培养出更多具有创造力和责任感的未来教育家。

其次,构建中国本土教育理论是教师教育者毕生追求。长期以来,我国教育主要受到西方教育理论的影响。遇到教育问题,总是套用西方的教育话术。这种本土原创教育理论的缺失,不仅使中国教育学术研究失去了对本土教育问题的观照,还导致中国教育学者难以被外国同仁接受。因此,建构中国本土教育理论势在必得。而教师教育者应承担起建构教育理论的社会使命。一方面,教师教育者拥有着丰富的教育教学实践经验,他们了解我国教育实情,了解教育中的各种问题;另一方面,教师教育者拥有丰富的教育理论知识。这些都为教师教育者能够建构中国本土教育理论打下坚实的基础。

总之,教师教育者利用自己的智慧和力量,承担着自己所应承担的社会责任。为新时代中国特色社会主义教育事业作出贡献,推动着教育事业的进步与发展。

第三节　教师伦理身份的时代表征

随着现代社会的发展,传统的道德标准已不适应现代社会、个体的发展需要。教师作为"守卫社会的良心人"、拥有较高学识的人,对社会道德发展和社会道德建设具有积极意义。而且,道德价值的实现自古以来就是教师生存的重要基石。因此,在新时代背景下,探究教师的伦理身份,具有时代意义。

一、教师是中华传统文化的传承者

传统文化即中华民族传统文化,是在我国五千多年历史发展中逐渐积淀下来的瑰宝,赋予中华民族独特的魅力。它不仅涵盖了我国历史上各种思想的肇始和流变,而且囊括了各种中华传统美德,是我国一直以来根植的深厚土壤和精神家园,是中华民族不断发展进步的精神命脉。

【案例 2-3】

坚持和发展马克思主义,必须同中华优秀传统文化相结合。只有植根本国、本民族历史文化沃土,马克思主义真理之树才能根深叶茂。中华优秀传统文化源远流长、博大精深,是中华文明的智慧结晶,其中蕴含的天下为公、民为邦本、为政以德、革故鼎新、任人唯贤、天人合一、自强不息、厚德载物、讲信修睦、亲仁善邻等,是中国人民在长期生产生活中积累的宇宙观、天下观、社会观、道德观的重要体现,同科学社会主义核心价值观主张具有高度契合性。我们必须坚定历史自信、文化自信,坚持古为今用、推陈出新,把马克思主义思想精髓同中华优秀传统文化精华贯通起来,同人民群众日用而不觉的共同价值观念融通起来,不断赋予科学理论鲜明的中国特色,不断夯实马克思主义中国化时代化的历史基础和群众基础,让马克思主义在中国牢牢扎根。

案例来源:习近平.高举中国特色社会主义伟大旗帜 为全面建设社会主义现代化国家而团结奋斗:在中国共产党第二十次全国代表大会上的报告[EB/OL].(2022-10-25).http//www.gov.cn/xinwen/2022-10/25/content_5721685.htm.

【点评】 "在我们这个时代,文化是一种决定性的力量。"[①]党的十八大以来,习近平总书记多次强调中华传统文化的历史影响和重要意义。2017年,中共中央办公厅、国务院办公厅印发的《关于实施中华优秀传统文化传承发展工程的意见》明确提出,"到2025年中华优秀传统文化传承发展体系基本形成",要"把中华优秀传统文化全方位融入思想道德教育、文化知识教育、艺术体育教育、社会实践教育各环节,贯穿于启蒙教育、基础教育、职业教育、高等教育、继续教育各领域。以幼儿、小学、中学教材为重点,构建中华文化课程和教材体系"。学校是传播中华传统文化的主要阵地,而教师则是"建设优秀传统文化传承体系,弘扬中华优秀传统文化"这一任务的主要承担者。

(一) 教师是优秀传统文化的建构者

从教师职业的定位来说,教师承担着学生世界观、人生观和价值观的培养任务,承担着传承中华民族优秀传统文化的重要使命。而中华优秀传统文化是培育学生正确三观的重要理论来源和实践支撑。在我国优秀传统文化的宝库中有着"先天下之忧而忧,后天下之乐而乐"(范仲淹《岳阳楼记》)、"天下兴亡,匹夫有责"(顾炎武《日知录·正始》)的爱国情怀;有着"人而无信,不知其可也"(《论语·为政》)、"非淡泊无以明志,非宁静无以致远"(诸葛亮《诫子书》)的高尚道德情操;有着"亲亲,仁也;敬长,义也"(《孟子·尽心上》)、"慈孝之心,人皆有之"(苏轼《古今家诫叙》)的孝亲敬老之义;还有着"学而不思则罔,思而不学则殆"(《论语·为政》)、"业精于勤,荒于嬉"(韩愈《进学解》)的学习态度,等等。教师要利用好这个宝库,就要求教师不仅仅只是教学活动的设计者,更要成为优秀传统文化体现的建构者,深挖传统文化,并与新时代中国特色社会主义教育发展要求相结合,形成体系。不仅要让学生接触、了解优秀传统文化,更要让学生自己传承、弘扬传统文化。

---

① 拉兹洛.多种文化的星球联合国教科文组织国际专家小组的报告[M].戴侃,辛未,译.北京:社会科学文献出版社,2001:211.

（二）教师是优秀传统文化的受众

从教师自身专业发展的角度来看，优秀传统文化为教育提供了重要资源。首先，中华优秀传统文化中有很多美德，它们是教师从业的必备修养。作为"传道授业解惑者"，教师在中华传统文化中被视为社会的栋梁和社会的楷模。中华传统文化强调以身立德、以德养人。其次，中华传统文化中的经典文学是教师学习的重要内容之一。经典的文学著作是中华优秀传统文化体系中的重要组成部分，它们凝结了中华传统文化中丰富的人文智慧和重要的伦理道德价值观。通过深入学习和研究这些经典，并将其融入教学中，能够培养学生的综合素质和人文情怀。第三，中华传统文化中的教育方法和教育思想为教师的教育教学活动提供方法和理论指导。在教学方法方面，强调"授人以鱼不如授之以渔"、因材施教、"不愤不启，不启不发"（《论语·述而》）的启发式教学，学思行并重等，这些教学方法至今仍被广大教师借鉴和采用。在教育思想方面，孔子提出了"有教无类"的教育理念，认为每个学生都应该得到平等的教育机会和关注。教育应该根据学生的个体差异和需求进行个性化的教学，发扬每个学生的优点和特长。此外，孟子的"性善论"认为人性本善，教育的任务是引导学生发挥天性好的一面，培养他们正确的道德观念和行为习惯。

教师作为立德树人光辉典范，有德才能树人，教师的德便来自其职业道德和源远流长的中华传统美德。也就是说，教师的职业道德是中华传统美德具体体现，中华传统美德是教师职业道德的根基所在。只有不断地将中华传统美德寓于职业道德之中，立德树人这一使命才能更好地实现，才能体现教师这一职业的光辉。

二、教师是道德实践者

（一）道德实践者的内涵

道德实践者，称道德行为者或道德主体。道德实践者是有能力辨别是非，并对自己的行为负责的人。同时，教师也是道德行动者的反思者。在这种伦理和道德想象中，教师被视为具有力量的存在。他们不仅关注日常教学活动中的各种关系，也注重与家长、社区等人员之间的联系。随着我国教育现代化的发展，道德教育目标与方式发生了根本性的转变。这使得人们意识到教师对教育教学中的道德维度的意识和理解同样重要。教师不仅仅被视为道德模范，更做一个有反思的道德行动者，即"道德实践者"。

（二）教师作为道德实践者的必要性

作为"道德实践者"的教师，他们处于真实、复杂且不确定的教育教学环境中，处于职业或专业伦理关系之中。同时,他们也敏锐地认识到教育教学活动中蕴含的道德价值及其后果。"他们关注与学生的互动,实际的教学,合作的责任,对于自己班级及学校的责任与投入感等现实存在的具体问题。"[1]教师作为道德主体,对自己的教学行为进行反思是他们的责任。"道德实践者"的教师形象与"善于思考"(thoughtful teacher)的教师形象在本质上有相似之处,[2]他们都将教学活动中的伦理价值和冲突作为重点,关注教学中的伦理问题、教学的伦理层面相关以及教师工作的道德复杂性。教师"道德实践者"的形象突出了教师的伦理道德自觉,对于营造学校的伦理道德文化有着积极的作用。这一形象突出了教育教学过程中的道德性,并对教师和学生的共同道德发展起到了促进作用。只有如此,教师才能更好地满足新时代中国特色社会主义教育事业的发展和要求。

首先,教师重视自身的伦理自觉。教师伦理自觉是指教师能够追溯特定教育环境中涉及自己的伦理关系和价值时,能够理解自己的行为带来的影响,了解自身在面对伦理困境时作出的选择带来的后果。教师作为"道德实践者",能够激发自身的伦理意识,能够有效整合各种道德教育资源,推动学生的道德发展。注重教师伦理自觉不仅可以有效地预防教师道德冷漠等不良现象,还可以提升教师对教育道德实践的理解能力,有助于教师应对教育实践中的道德冲突,承担起道德责任和义务。教师的道德自我意识使他们懂得,他们的道德教育责任是将学生培养成为有道德的人,过上有道德意义的生活。

其次,道德性在教育过程日益凸显。19世纪德国伟大的教育家、哲学家赫尔巴特就明确指出教育具有道德性,伦理学是支撑教育学的理论之一。"关注教师工作的伦理复杂性,透视教师教学活动中蕴含的伦理意义,理解教师实际遭遇的伦理困境,分析解困策略,并以此为基础回应并丰富已有理论。"[3]可见,能否在教学活动中真实地表现出德育的价值,教师的道德自觉是关键。教师作为道德实践者,关注的是美德是否能够在教育中体现出来,力求最大限度地发挥教育过程中固有的美德因素。在教学过程中,教师的伦理意识是其感知和建构教学行为是否具有伦理意义的重要因素。同时,教师的伦理意识能够对教育中遇到的伦理困境作出明智的回应。基于此,教师展开道德教育工作,力求使整个教育过程符合道德要求。

最后,有利于师生道德共同成长。道德成长的本质上是个体将道德规范内化的过程。在这一过程中,个体将形成一定的价值观和行为模式。学校德育的目的是启发学生认识道德行为的必要性和必然性,使他们具有辨别是非、善恶、美丑的能力,帮助他们参与道德实践,了解培养道德的途径和方法,以及完善他们的道德

---

[1] Aurin K,Maurer M. Forms and dimensions of teachers' professional ethics-case studies in secondary schools[J]. Journal of Moral Education,1993,22(3):277-296.
[2] 佐藤学.课程与教师[M].钟启泉,译.北京:教育科学出版社,2003:392.
[3] 卢乃桂,王丽佳.西方教学伦理研究的路向与问题[J].全球教育展望,2011(8):10-14.

品质,这就要求教师成为道德实践者。在教学活动中,教师能从伦理学的视角对其所蕴含的道德内涵进行觉知。在教学中,教师可以用"公平""公正"和"关爱"的态度与学生进行交流,从而实现教师和学生的共同发展。

三、教师是学生数字素养的培养者

随着科技的快速发展和信息时代的到来,数字技术已经广泛渗透到我们生活中各个领域。在当前信息技术迅速发展的背景下,培养学生的数字素养是教育领域中一个非常重要且受到广泛关注的议题,是提升学生综合能力和适应社会发展的必要要素,已成为教育的迫切任务。

【案例 2-4】

要重视从小培育学生数字素养

要了解数字素养的培育,不能仅仅依靠中小学的信息科技课程。大量的培育主要靠各个学科跨学科的课程融合。比如语文学科、数学学科、劳动、道法这些课程,都涉及数字素养培育的问题。我们应该突出全员育人、全程育人、全科育人。所谓全员,家庭、社会、学校也要协同参与。因为学生长大以后一定是在智能化的时代,必须要让他从小养成关于人机协同、数字技术的应用的伦理边界等良好素养。另外,要在小学、中学、大学中一线贯通学生数字素养,并形成评价引领,包括科学评价、过程评价、精准评价、综合评价。展望今后的数字时代、智能时代的学生,他们的学习场景必然是人机协同、人机共学,所以要重视从小培养他们的数字素养,才能助力学生真正实现全面发展。

资料来源:吴砥.要重视从小培育学生数字素养[J].上海教育,2022(36):23.

【点评】 提升全民数字素养与技能,是建设网络强国和数字中国的一项基础性、战略性、先导性工作。《义务教育课程方案(2022 年版)》全面关注学生数字素养的培养,信息科技课程独立设课是落实数字素养培养的重要开端,各科的课程标准也对学生的数字素养提出了新要求。案例中的吴砥教授强调应从小培养学生的数字素养。学校是学生接受教育的主要场地,教师是传授知识的载体。由此可见,要培养学生的数字素养,教师有着不可替代的作用。

(一)数字素养的内涵

数字素养的概念是在一定的历史积淀与实践发展基础上形成的,以色列学者阿尔卡拉在 1994 年首次提出数字素养的概念,认为数字素养应该包括图片-图像素养、再创造素养、分支素养、信息素养以及社会-情感素养五个方面的内容。① 此后,数字素养被不同时期的研究者都给予不同的定义,但始终未形成统一的数字素养内涵。

2015年,联合国的《改变我们的世界:2030年可持续发展议程》数字素养全球框架项目组研究认为,数字素养不仅要具备所需的知识与技能,态度也是实现一种能力的重要因素。因此,研究者们提出了具有广泛适应性又体现时代发展性的数字素养概念,即"数字素养就是为了就业、体面工作和创业,通过数字技术安全适当地获得、管理、理解、整合、沟通、评价和创造信息的能力,它包括以各种方式提到的素养,如计算机素养(computer literacy)、ICT 素养(ICT literacy)、信息素养(information literacy)和媒体素养(media literacy)"。② 至此,数字素养在国际层面上适用于全球数字素养统计的定义。

(二) 培养学生数字素养是提升学生综合能力的必然要求

"十四五"是我国信息化加速发展的时期,也是数字中国建设的新时期。《中华人民共和国国民经济和社会发展第十四个五年规划和2035年远景目标纲要》提出了"加快数字化发展,建设数字中国"的目标,这就要从数字经济、数字社会、数字政府等多方面促进数字化中国的建设。数字中国的顺利和深入发展迫切需要具有数字素养的"数字人"。因此,培养出一大批拥有较高数字素养的年轻人才,在推动新的经济发展模式、建设现代化数字经济新城和创造新时代国家竞争新优势方面发挥着至关重要的作用。因此,对于学生来说,具备良好的数字素养已经成为一项重要的能力。

首先,培养学生的数字素养可以帮助他们更深入地理解和应用知识。在数字时代,大量的信息和知识都以数字化的形式存在。通过提升数字素养,学生可以迅速有效地搜索、筛选和评估信息的价值和可靠性。他们还可以利用数字工具和资源进行知识的整合和应用,从而提升学习效果和解决问题的能力。其次,数字素养的培养可以促进学生的创新思维和创造力发展。数字工具和技术为学生提供了广泛的创新平台和资源,他们可以通过数字媒体创作、虚拟实验、编程等方式表达自己的想法和观点。通过这些实践,学生在创新与合作中锻炼出对问题的主动思考和解决能力,激发他们的创造力和创新潜能。此外,培养学生的数字素养还可以提高他们的沟通和协作能力。在数字化的学习和工作环境中,学生需要通过各种数字工具和平台进行交流和合作。通过提升数字素养,学生可以有效地利用各种数

---

① Eshet-Alkalai Y. Digital literacy: a conceptual framework for survival skills in the digital era[J]. Journal of Educational Multimedia and Hypermedia,2004,13(1):93-106.

② UIS. A global framework of reference on digital literacy skills for indicator 4.4.2[EB/OL]. http://uis. unesco. org/sites/default/files/documents/ip51-global-framework-reference-digital-literacy-skills-2018-en. pdf.

字工具和媒体进行沟通和协作,加强团队合作意识和能力,培养跨文化交流和全球合作的意识。

培养学生数字素养的过程中,教师起着关键的作用。教师应当具备良好的数字素养,能够灵活运用数字技术来支持教学活动。教师还应该注重学生的参与和互动,鼓励学生在学习过程中运用数字技术进行探究和创造。除此之外,在信息爆炸的时代,并非所有的信息、数据等都具有科学性,符合伦理。教师拥有着专业的知识和丰富的经验,他们能够教会学生正确使用数字技术,培养学生的批判思维和道德判断力。

总之,培养学生的数字素养是提升他们综合能力的必然要求。通过数字素养的培养,学生能够更好地适应信息社会的发展需求,提升学习和解决问题的能力,激发创新思维和创造力,加强沟通和协作能力,为他们未来的学习和发展奠定坚实的基础。

【拓展阅读】

立德树人

好老师应该懂得,选择当老师就选择了责任,就要尽到教书育人、立德树人的责任,并把这种责任体现到平凡、普通、细微的教学管理之中。
——2014年9月9日,习近平同北京师范大学师生代表座谈时的讲话

要全面贯彻党的教育方针,落实立德树人根本任务,发展素质教育,推进教育公平,培养德智体美全面发展的社会主义建设者和接班人。
——2017年10月18日,习近平在中国共产党第十九次全国代表大会上的报告

要把立德树人的成效作为检验学校一切工作的根本标准,真正做到以文化人、以德育人,不断提高学生思想水平、政治觉悟、道德品质、文化素养,做到明大德、守公德、严私德。
——2018年5月2日,习近平在北京大学师生座谈会上的讲话

要把立德树人融入思想道德教育、文化知识教育、社会实践教育各环节,贯穿基础教育、职业教育、高等教育各领域,学科体系、教学体系、教材体系、管理体系要围绕这个目标来设计,教师要围绕这个目标来教,学生要围绕这个目标来学。凡是不利于实现这个目标的做法都要坚决改过来。
——2018年9月10日,习近平在全国教育大会上的讲话

1. 立德树人的内涵

在新时代语境下,习近平关于立德树人重要论述中的"立德"既有引领广大青年自觉提高道德修养之意,也暗含了要引导人民群众特别是领导干部积极接受道德教化。2014年5月,习近平在北京大学师生座谈会上勉励青年学生既要明大德,"立志报效祖国、服务人民",又要踏踏实实修好公德、私德,学会劳动、勤俭、感恩、宽容、自省、自律。2018年3月,习近平在参加十三届全国人大一次会议重庆代表团审议时,要求领导干部们也要明大德、守公德、严私德,以德服众。明大德,就是"铸牢理想信念、锤炼坚强党性";守公德,就是"强化宗旨意识,全心全意为人民服务";严私德,就是"戒贪止欲、克己奉公"。2021年,习近平在勉励全国高校黄大年式教师团队代表的回信中指出:"好老师要做到学为人师、行为世范。立德修身,潜心治学,开拓创新,真把为学、为事、为人统一起来,当好学生成长的引路人……"

"树人"则是通过不断完善我国的教育体制,培养自由而全面发展的人。我国的社会主义国家性质决定了一切教育的目标是培养合格的社会主义建设者和接班人。基于人才培养目标,党的十九大报告立足迈入新时代中国特色社会主义的时代特征,作出了要"培养担当民族复兴大任的时代新人"的战略部署。新时期立德树人工作的"树人"是培养道德情操高尚、专业知识扎实、创新能力较强,愿意并能够为中国的改革、发展和创新奉献自己的力量之人。

党的十八大以来,以习近平同志为核心的党中央越来越意识到"德"之先决性,教育的根本任务也从"教书育人"转变为"立德树人"。这种育人观念的转变既是对教育本质的正本清源,同时也对各高校和思政工作者提出了更高要求。"立德"与"树人"的关系表现在两个方面。一方面,二者关系表现在先后次序上。"德"是排在首位的,一个人只有先培植起内心良好的道德修养,才能在复杂的社会环境中行稳致远,对学生进行的一切教育必须从"立德"开始,以"树人"结束。另一方面,二者关系表现在内在逻辑上。从词语的构成入手,曾有学者主张把"立德树人"看成偏正结构,即"立德"是达到"树人"目的的手段。

2. 立德树人是新时代教育的根本任务

1935年9月,在中华民族危急存亡之际,南开大学校长张伯苓在开学典礼上向全体师生问了三个问题:"你是中国人吗?你爱中国吗?你愿意中国好吗?"2018年9月,习近平总书记在全国教育大会上谈到了这个故事,并强调:"这三个问题是历史之问,更是时代之问、未来之问,我们要一代一代问下去、答下去!"这著名的"爱国三问",实质是在追问教育要培养什么人这一首要问题。我国是中国共产党领导的社会主义国家,我党历来重视以德育人、以德治教,始终把德育摆在突出位置,这就从根本上决定了我们的教育必须坚持立德树人,培养一代又一代德、智、体、美、劳全面发展的社会主义建设者和接班人。

教育是国之大计、党之大计。学校必须始终坚持社会主义办学方向,坚持把立德树人作为根本任务,加快推进教育现代化,建设教育强国,办好人民满意的教育;要把师德师风作为评价教师队伍素质的第一标准,培养有理想信念、有道德情操、有扎实学识、有仁爱之心的好老师,更好扮演起学生健康成长的指导者和引路人。"坚持为党育人、为国育才,引导青少年把爱国情、强国志、报国行融入坚持和发展中国特色社会主义事业的奋斗之中。"

资料来源:安洪涛,傅金兰. 教师职业道德与教育政策法规[M]. 北京:科学出版社,2022:2-3.

本章小结

通过对本章的学习,我们了解到了教师身份的类型、教师教育者的伦理身份以及教师伦理身份的时代特征。第一节首先从身份的内涵和类型出发,界定了教师身份的类型,即教师自然身份、教师制度身份、教师话语身份和教师亲和身份,进而进一步确定教师身份具有个体性、社会性、文化建构性和复杂性等特征。第二节从教师教育者的概念出发,分析了教师教育者的伦理身份。教师教育是一种伦理道德实践活动,教师教育者必须掌握相关伦理知识,能够帮助师范生应对伦理困境,因此,教师教育者必须是教师教育专业伦理知识的建构者。教师教育者传授知识和教学技能的同时,更是师范生道德生活上的引路人,因此,教师教育者是道德生活的引领者。与此同时,教师教育者承担为社会培养教育人才、构建中国本土教育理论等社会责任,因此,教师教育者必须是社会责任的承担者。第三节主要探讨教师伦理身份的时代特征。随着社会的进步和发展,中华优秀传统文化亦成为我国社会发展的一种重要软实力,要发挥中华优秀传统文化的作用,教师就必须承担起这一重要责任,必须成为中华优秀传统文化的传承者。教师是道德实践者,能够重视自身伦理自觉、凸显教育过程中的德性、促进师生道德共同成长。随着我国进入数字化时代,培养学生的数字素养已经成为教育教学中的一项重要任务,教师具备良好的数字素养,能够灵活运用数字技术来支持教学活动,因此教师是学生数字素养的支撑者。

思考题

(1) 什么是教师身份?教师身份有哪些特征?
(2) 什么是教师教育者?教师教育者伦理身份的表征又有哪些?
(3) 教师的伦理身份的时代表征是哪些?
(4) 教师与教师教育者又有什么区别?

第三章　新时代教师的职业素养

【学习目标】
(1) 理解新时代教师职业素养的含义。
(2) 明确新时代教师职业素养的结构。
(3) 掌握新时代教师职业素养的内容。

"学高为师,身正为范"自古以来便是教师这一行业的价值信条,教师要想有效地从事教育活动,就必须具备一定的职业素养。教师的职业素养是教师稳定的职业品质,它是以人的先天禀赋为基础,通过师资训练和自我提高而形成的身心特征与职业修养,它是教师履行职责所必备的,在教育教学活动中表现出来的并决定教育教学效果,对学生全面发展有重要影响的身心特点的总和,与学生能否健康地成长有很大关系。对于学生而言,教师是人生的引导者和指路人,是学习和模仿的对象,只有具备良好职业素养的教师,才能担当起社会赋予的职责。因此,本章主要从教师职业道德修养、知识素养、能力素养与数字素养对新时代教师的职业素养进行详细论述。

第一节　教师职业道德修养

教师是学生的良师益友,是学生健康成长直接的指导者和引路人。教师是否具有良好的职业道德不仅对学生的全面发展有着极其重要的影响,而且对教师自己的专业发展、人格完善,乃至社会主义精神文明建设都具有重要的意义。加强职业道德修养,是教师教育的本质要求。教师作为职业道德修养的主体,就必须学习和研究教师职业道德修养的内容,不断提高自己的职业道德修养水平。

一、教师职业道德修养的概述

(一)教师职业道德修养的含义

"修养"既指个体在思想、理论、道德品质和知识技能等方面所达到的水平,也指个体为达到这种水平而进行的锻炼和陶冶。所谓教师职业道德修养一般是指教师为了培养高尚的师德所进行的自我锻炼、自我教育、自我陶冶的功夫及其所达到的师德水平和精神境界。[①]

教师职业道德修养包括两个方面的内容:一是教师在仪表、谈吐、礼仪、气质等方面的学习、体验和反省等心理活动和实践活动,这是外在意义上的修养;二是教师经过长期的努力之后,在思想、品德、情操、知识、技能等方面所达到的职业道德水平和职业道德境界,这是内在意义上的修养。

(二)教师职业道德修养的价值

教师职业道德修养对于提升和完善教师素质、培养人才、弘扬社会主义精神文明等都具有十分重要的价值。

1. 教师职业道德修养有利于提升教师道德品质与师德水平

对于教师而言,其崇高使命就是通过教书育人来实现塑造学生美好心灵。在某种程度上来说,教师的道德水平将直接影响年轻一代的精神面貌,关系到一个国家和民族的兴衰存亡。因此,作为教师,首先要加强自己的思想道德修养,不断完善自己,提高自己。一个人的主观努力与修养对于其自身素质的提升是必不可少的条件。教师道德品质的培养与提升是一个复杂长期的过程,离不开他人和社会对其的影响。但是所有这些外部力量必须通过教师自身发挥作用。在现实生活中,一个道德高尚的教师,势必是一个自觉进行师德修养的人。一名教师师德修养的自觉性越高,其师德水平也就越高。教师只有通过长期、自觉的师德修养,将一定时期的师德规范转化为内在的师德信念,才能形成自觉的师德行为与习惯。

2. 教师职业道德修养有利于造就时代新人,培养学生良好品质

对于教师而言,仅有渊博的学识是不够的,还需要有高尚的师德。一个具有高尚师德的教师,才能成为学生当之无愧的榜样,才能在学生心目中享有较高的威望,获得学生的尊敬与敬佩。一般而言,学生都具有"向师性"等特点,即学生喜欢在各个方面将教师作为其学习榜样,对教师进行模仿和学习。教师的言行举止都能潜移默化地影响学生。因此,教师的师德修养如何,不仅仅是其个人的问题,还是会影响学生品质和国家前途命运的大事。

[①] 张炳生,邓之光,陈德华.教师职业道德新论[M].南京:河海大学出版社,2000:205.

3. 教师职业道德修养对于建设社会主义精神文明,弘扬社会主义新风尚具有促进作用

众所周知,学校是社会主义精神文明建设的重要基地,教师是社会主义精神文明建设的倡导者与推行者。教师的师德状态与水平不仅影响在校学生,而且还会对整个社会产生深远影响。教育作为社会系统中的一个子系统,涉及社会事务的各个方面,而教师需要与社会各个领域、各方面人员进行接触与交流,参与社会各种活动,其思想、品德与行为举止大多会直接作用于社会,对社会主义精神文明建设起着重要的作用。教师的道德风貌是我国社会主义精神文明的重要内容,教师的职业风尚是整个社会风气的风向标。

二、教师职业道德修养的主要内容

教师职业道德修养具有丰富的内容,并且教师的职业道德品质的形成有其内在的规律性。从品德心理学的角度看,教师职业道德的形成是培养其知、情、意、行的过程。教师职业道德修养的内容包括提高教师职业道德认识,陶冶教师职业道德情感,锻炼教师职业道德意志,确立教师职业道德信念,培养教师职业道德行为习惯等几个方面。

(一)提高教师职业道德认识

提高教师职业道德认识是提升教师职业道德修养的前提与基础。一个教师的职业道德品质是教师个体对一定社会对教师的师德要求在其自身自觉认识基础上而产生的行为积淀,它与教师个体的主观意识紧密相关。从知、行二者之间的关系来看,知是行的前提与方向。如果"知"的问题尚未解决,那在"行"的过程中就好像盲人骑瞎马。教师职业道德认识主要体现在对教师道德价值的认识问题上,对教师职业道德要求的正确认识,是以对教师职业的社会道德价值的认识为前提的。如果一名教师能够认识到教师事业在整个现代化建设当中的战略地位,认识到教师所肩负的历史重任和加强教师职业道德修养对于完成教育目的与任务的价值,那么就会增强他的责任感与事业心,将师德修养转化为内心的需求与自觉行为,从而在平凡的工作岗位上作出不平凡的贡献。

(二)陶冶教师的职业道德情感

教师职业道德情感是教师由于对教育事业的善恶判断而引起的思想、行为而产生的情感体验,它在教师职业道德品质培养中起着重要的作用。一方面,教师道德情感是教师将其自身的师德认识转化为师德意志与行为习惯的持续动力,另一方面,教师职业道德情感对教师职业道德行为具有评价和调节作用。在教师师德实践过程中,教师需要不时地对自己与他人的道德行为作出相应的评价,这种评价既包括师德认识上的判断,也包括教师情感上的好恶评判。教师正是通过来自自身或社会的不同情感来及时反省自己的言行举止,进而调节自己的职业道德认识与行为。一般而言,教师的职业道德情感主要包括正义感、荣誉感、自豪感和幸福感等内容。教师在教书育人过程中,体会到自己的工作价值并得到乐趣,通过辛苦劳动而获得的幸福,是其他人难以体会和感悟到的情感。

（三）锻炼教师的职业道德意志

教师职业道德意志是教师在实践教师职业道德过程中战胜困难与克服各种障碍的毅力,它是在一定的教师职业道德认识与道德情感基础上而产生的,是教师养成良好教师职业道德品质的必由之路。教师职业道德意志首先来自正确的教师职业道德认识与强烈的职业道德情感。只有认识提高了,情感升华了,才能表现出坚定性与果断性,才能促进教师形成百折不挠的坚强意志。教育是一项长期而又复杂的事业,在教书育人的过程中,教师需要付出辛勤的劳动,有时还需要作出巨大牺牲,并且遭遇来自外界的各种阻碍。教师通过教育实践来不断磨炼意志,才能克服各种困难。只有经过长期的磨炼,教师职业道德修养才能达到矢志不渝、持之以恒的境界。

（四）确立教师的职业道德信念

教师职业道德信念是教师在其教育实践过程中所形成的,用以评价自身行为善恶好坏的一种内心力量,是教师职业道德行为的指南,具有深刻性、稳定性和持久性等特点。教师自进入这一职业群体的那一刻,就开始了对教师这一职业的认识。伴随着教育工作与学习的深入,尤其是经过长期的磨炼,承受了各种挫折,不断吸取经验与教训,提高了思想认识,加深了情感体验,教师才能确立献身教育事业的坚定信念。教师职业道德信念是一种主观方面的感受,如果缺乏外部客观条件与长期的教育实践,它也将是无源之水,无本之木。当然,一旦教师职业道德信念得以确立,它又将反作用于教师职业道德实践,影响外部客观条件,并能够形成一种对自己的道德行为进行选择的能力。教师基于其职业道德信念选择合乎职业道德的行为,进而能感受到精神上的满足与安慰,并产生一种将教师职业道德要求转化为教师道德行为的愿望与信心。

（五）培养教师职业道德行为与习惯

教师职业道德行为与习惯与教师职业道德品质紧密相关,它们是教师职业道德品质的外部表现形态。尽管教师职业道德意识能够指导教师职业道德行为,但是,如果教师职业道德修养仅停留在教师道德意识层次,而不通过教师的实际行动去履行职业道德义务,那么这种教师职业道德修养就难以做到真正的知行统一。教师在接受职业道德教育后,需结合自身的教育实践形成一定的教师职业道德意识,并将道德意识反作用于教师教育实践,将其转化为教师的职业道德行为。只有这样,教师的职业道德意识才能得到巩固与发展,才能表现出稳定性与一贯性。教师要想养成良好的职业道德行为与习惯,必须要持之以恒,以高标准来严格要求自己。良好的职业道德行为习惯不是三两天就可以培养成的,它是一个长期、渐进的发展过程。教师只有长期坚持不懈地按照国家社会对教师的师德要求来规范自己的行为,才能养成良好的职业道德行为习惯,形成良好的教师职业道德品质。

总之,教师职业道德修养是一个从教师职业道德认识到最后形成良好教师职业道德行为习惯的道德实践过程。提高教师职业道德认识是进行教师职业道德修养的前提与基础,陶冶教师职业道德情感与锻炼教师职业道德意志是将教师职业道德认识转化为教师职业道德行为习惯的中介,确立教师职业道德信念是教师职业道德修养的关键,养成良好的教师职业道德行为与习惯是教师职业道德修养的最终目的与结果。在这个循环往复的教师职业道德发展过程中,形成良好的教师职业道德品质是教师职业道德修养应当完成的基本任务。

三、"四有"好老师——新时代教师职业道德修养的新要求

《中国教育现代化2035》强调要"建设专业化高素质创新型教师队伍,推动师德建设制度化、长效化,将师德师风作为评价教师素质的第一标准,大力加强师德师风建设"。[1]党的十九大报告指出,要"加强师德师风建设,培养高素质教师队伍,倡导全社会尊师重教"。[2]党的二十大报告再次指出,要"建设新时代高质量的教师队伍,要大力加强和完善师德师风建设,打造一支政治坚定、师德高尚的教师队伍,营造风清气正的育人环境"。[3]

从这些政策文件及重要会议可见,新时代党和国家对师德建设提出了更为全面和系统的要求。师德师风既是教师的职业道德规范,也是教师的职业道德要求,更是教师深厚知识修养与文化品位的具体体现。习近平总书记提出的"四有"好老师对新时代广大教师提出了新的要求与殷切的希望。因此要想落实好习近平总书记的"四有"好老师的标准,需要从以下几个方面入手:

首先,引导广大教师务必坚定崇高的理想信念。理想源于生活,高于生活,信念是一种精神动力,是人们从事某种事情从一而终的决心。学为人师,行为世范。成为一名人民教师,这既是一种荣誉,也是一种神圣的责任。只有树立了理想信

---

[1] 中国政府网.中共中央国务院印发《中国教育现代化2035》[EB/OL].(2019-02-23).https://www.gov.cn/zhengce/2019-02/23/content_5367987.htm.

[2] 忠建丰.培养新时代的高素质教师队伍[EB/OL].(2017-10-24).http://www.moe.gov.cn/jyb_xwfb/xw_zt/moe_357/jyzt_2017nztzl/2017_zt11/17zt11_bd/201710/t20171024_317258.html.

[3] 金志峰.以高质量教师队伍支撑现代化强国建设[EB/OL].(2022-11-16).http://dzb.rmzxb.com.cn/rmzxbPaper/pc/con/202211/16/content_33837.html.

念,才能在教育的道路上不忘初心,砥砺前行。做好老师,必须要有理想信念。广大教师要始终坚持与党和人民站在同一立场,自觉地做新时代中国特色社会主义的坚定信仰者与实践者,忠诚于党和人民的教育事业,为此,广大教师需要结合日常的教学工作实际,立足工作岗位,通过各种学习方式,加强马克思主义理论学习;加强中国共产党的历史与中国特色社会主义理论的学习与教育,强化教师对党和中国特色社会主义事业的政治认同、理论认同;结合学科与自身专业,铸就理想信念,推进课程思政建设,不断提炼马克思主义人生观、价值观在学术中的价值;通过专业讨论、榜样激励与教师行为规范塑造,将理想信念渗透在日常的教育管理过程中,使教师时时刻刻都能够感受到真理的力量,体悟理想信念对教师的要求。

其次,引导广大教师培养高尚的道德情操。从伦理学层面来说,教育本身就是一种道德性实践,教育活动是以道德的方式进行的。习近平总书记曾多次指出,人无德不立,育人的根本在于立德。教育办学就是要尊重人才培养的规律,否则就难以办好学。自古以来,教师都是作为社会优良品德的代表,是整个国家的道德风向标,教师的一举一动都会对社会文明产生深远影响。因此,在新时代,培养教师高尚的道德情操,要求我们营造一个良好的弘扬师德的氛围,培养广大教师正确的道德认识,与时俱进地加强师德师风学习教育。将弘扬优良师德与教书育人的教育实践有机结合在一起,开展师德模范学校活动,通过各种形式引导教师推动学生践行社会主义核心价值观,让教师在各种教育实践活动过程中提升自己的道德境界。

再次,引导广大教师努力学习,拥有扎实的学识。学无止境。在互联网信息技术发展的当下,知识的更新速度比以往任何一个时代都要快,学生在获取知识的渠道与方式上也发生了巨大变化,知识反哺现象越来越明显,这就要求教师在新的时代必须要不断更新自己的专业知识,拓宽知识领域,以适应教育发展的需求。拥有扎实的知识是对教师这一职业的最基本要求,也彰显出知识育人的导向。教书育人是教师最根本的职责,教师肩负着传道、授业、解惑的重任。对于国家和学校等教师管理机构而言,需要为教师学习创设一个良好的制度环境,为教师的教育科学研究提供技术与资金支持,优化教师评价体系,尊重教师的自主性与个性发展。

最后,引导广大教师做一个仁爱之师。教育是一门仁而爱人的事业。好老师就应该是仁师,教师的仁爱之心主要体现在了解学生、理解学生、尊重学生、关爱学生和影响学生等方面。了解学生是教师进行教育的第一步,也只有了解学生的实际情况及其真实想法才能对症下药,才能促进师生关系融洽。教师要学会换位思考,多从学生角度来思考问题,主动了解学生。尊重学生对于教师而言是对其教学与人格认可的一种具体表现。教师和学生作为教育活动的两大主体,在各自的实践领域存在着认知上的差异,相互之间都需要得到彼此的尊重。关爱学生是要将学生放在心里,对学生的发展负责。教师作为教育者,其言行举止、一言一行都将会影响学生。除了向学生提出相应的要求之外,还需要通过身体力行,率先垂范来引导学生的行动。

第二节 教师知识素养

近年来,人们已经普遍认识到,高素质教师的典型特征是具有教育专长,也就是具有出色的教育表现和与之相适应的丰富的知识素养。置身于技术时代,单一型的教师知识素养已无法满足数字化的时代要求,教师需要具备多层复合型的知识素养。"学科知识+教育学"知识的模式也不能满足人们对新时代教师的要求,教师作为一门专门的职业,需要具备完善的知识素养作为支持。

一、教师知识素养的概述

21世纪是以知识创新为重要特征的知识经济时代,知识的重要性备受世人关注,知识通常被看作是人们在社会实践中积累起来的经验。教师的知识不仅指教师所具备的科学文化知识及其掌握程度,而且反映了其在长期的教育教学工作中不断探索、总结出的一套行之有效的课堂情境知识和解题知识。[1]

教师知识素养内容是一个非常复杂的问题,目前关于专业教师的知识素养到底应该从哪些方面去建构尚没有一致的认识。近20多年来,世界各国的教育科研人员对这一问题的研究迅速增加,并且出现了进一步深化的研究成果。目前该研究领域对于教师的知识素养内容,不同的研究者有不同的研究角度或研究方式,因而也就有不同的理解。从其功能出发,教师的知识可以分为四个方面的结构内容:本体性知识、条件性知识、通识性知识和实践性知识,这四个方面知识共同构成教师的知识素养内容。[2]

二、教师知识素养的构成

(一)教师的本体性知识

本体性知识,也叫学科知识或专业知识,是指教师从事教学时,为教师所拥有的某一具体学科特定的学科知识,如语文教师掌握的语文知识,数学教师掌握的数

---

[1] 林崇德.师魂新时代师德八讲[M].杭州:浙江教育出版社,2022:139.
[2] 辛涛,申继亮,林崇德.从教师的知识结构看师范教育的改革[J].高等师范教育研究,1999(6):12-17.

学知识等。① 简而言之,就是指教师任教学科的知识,即教什么的知识。本体性知识对教师的重要性就在于,它是教师从业的资本和基础,是教师作为专业人员应该具备的最基本的知识。这种知识的掌握程度决定了教师对于"教什么"的理解,是教师能否胜任该学科教学的知识前提。从一般意义上说,教师的本体性知识应包括以下两个方面:

第一,专业基础知识。专业基础知识是学好专业、胜任学科教学工作所应掌握的基本知识,它包括本学科体系的基本理论、基本规律、基本概念、基本技能、基本资料和基本工具等。在专业基础知识方面,教师应从纵向和横向两个维度去把握。从纵向而言,教师要了解学科发展的来龙去脉,以便从全局和整体上去认识、把握知识。作为教师,应熟悉所从事专业学科的发展历史、学科体系、代表人物、主要著作以及各个历史阶段推动学科发展进步的重要事件。从横向而言,教师的知识面要宽、要广博,不能停留于或满足于了解某一点或某个侧面。

第二,专业前沿知识。专业前沿知识包括了解专业发展的前景,即对所教学科专业发展趋势的分析与预测,从而了解未来的变化要求教师做哪些知识储备,做好规划,提前积累。首先,目前知识呈几何级数地增加,科学技术飞速发展,教师应有充分的思想准备,不断更新知识。特别是随着教育现代化的迅速发展、教育技术的广泛应用,教师跟不上形势,就可能成为"科盲"。其次,任何一门学科的知识体系、结构、范畴、概念和实践环节的设计等,都是经过长期的锤炼形成的,但是随着时代的发展、知识的更新,需要不断地充实、调整、提高。这就需要特别重视学科领域出现的新成果,尤其要重视优秀教师、特级教师、各科学术带头人进行的卓有成效的改革实践,将他们的成果引入自己的教学之中,在课堂教学、教材编写、教学方法、考试方法等方面推陈出新,不断探索教学改革的新路子。

【案例 3-1】

沈元老师对中学时代的陈景润的重大影响

有一次,沈元老师给这些高中生讲了数论之中一道著名的难题。1742 年,德国数学家哥德巴赫发现,每一个大偶数都可以写成两个素数的和。他对许多偶数进行了检验,都说明这是确实的。但是这需要证明。从此这成了一道难题,吸引了成千上万数学家的注意。200 多年来,很多数学家企图给这个猜想作出证明,都没有成功。

沈元老师又说,自然科学的皇后是数学,数学的王冠是数论,哥德巴赫猜想则是王冠上的明珠。听罢,同学们都惊讶地瞪大了眼睛。老师说:"你们都知道偶数

---

① 辛涛,申继亮,林崇德.从教师的知识结构看师范教育的改革[J].高等师范教育研究,1999(6):12-17.

和奇数,也都知道素数和合数,我们小学三年级就教这些了。这不是很容易的吗？不,这道题是最难的呢。这道题很难很难,要有谁能够做了出来,不得了,那可不得了啊！"

青年人吵起来了。这有什么不得了,我们来做,我们做得出来,他们夸下了海口,老师也笑了。他说,"真的,昨天晚上我还做了个梦呢。我梦见你们中间的有一位同学,他不得了,他证明了哥德巴赫猜想。"高中生们轰地一声大笑了。但是陈景润没有笑,他被老师的话震动了。

资料来源:王道俊,王汉澜.教育学[M].新编本.北京:人民教育出版社,1999:76.

【点评】 教师要具有扎实的专业知识,这使他能更好地将其掌握的知识内化到学生的知识结构中去,转化为学生自己的精神财富。具有广博精深的专业知识的教师有时会给那些正要走上人生征途的青少年带来无法估量的影响。沈元老师的匠心,迎来了陈景润日后摘取数学皇冠的壮举。

(二) 教师的条件性知识

教师的条件性知识,又称教育学科知识,是指教师所具有的教育学科方面的知识,主要包括教育学与心理学以及与之相关的分支学科,是教师进行教育和教学活动的理论基础,是一个教师成功教学的重要保障。[1]条件性知识具体分为教育学基础知识、心理学基础知识、教学论知识。

第一,教育学基础知识。此类知识涵盖了教育管理学、教育经济学、教育技术学等相关领域。教师的角色不仅仅是传递知识,还包括引导学生的学习和发展。在教学过程中,教师应当充当学生的引路人和学习的指导者。为了更好地担当这一角色,教师需要有丰富的知识储备,这种知识储备不仅仅是针对教学内容的专业知识,还包括教育学等相关领域的知识。通过学习教育学,可以让教师更好地把握教育的本质、原则和方法,有助于教师的专业成长和教学实践的优化。作为一名教师,不仅要"懂得多",还要"懂得教"。除了掌握教育基本理论外,教师还需要拥有丰富的教育学等相关领域的知识储备,这样才能更好地理解和应用这些知识,指导学生的学习,提高教学的质量和效果。

第二,心理学基础知识。教师在教育过程中需要掌握心理学的基础知识,这些知识包括气质、注意力、情绪、情感、心理、兴趣、意志、思维和记忆等方面。除了这些心理学基础知识外,教师还应该深入了解教育心理学、学习心理学、社会心理学和创造心理学等应用心理学领域的知识。心理学及其应用领域的知识对教师来说是必备的。通过深入了解学生的心理活动规律,教师可以更好地把握教育过程,为

---

[1] 辛涛,申继亮,林崇德.从教师的知识结构看师范教育的改革[J].高等师范教育研究,1999(6):12-17.

学生提供个性化的指导和支持,促进他们全面发展成为合格的人才。

第三,教学论是一门研究教学一般规律的科学。成功完成教学任务离不开科学有效的教学方法。在教学方法方面,不同科目之间存在共同的特征,这种具有共同特征的教学方法被称为教学论。现代教学论的特点在于强调发展,强调多向传递教学信息,以及强调学生在学习过程中的主体作用。强调发展是教学方法应随着社会进步和教育需求的变化而不断更新和调整。教师应积极跟随教学理论的发展,并灵活运用新的教学方法,以适应不断变化的学生需求和教学环境。多向传递教学信息是现代教学论的另一个重要特点。传统教学通常是单向传递信息的方式,而现代教学论强调教师与学生之间的双向互动和多向传递教学信息。教师应当善于引导学生提问、讨论和思考,通过与学生的互动,促进知识的共同构建和深层理解。学生在学习过程中的主体作用是现代教学论的又一个重要特点。现代教学论强调学生的主动性、能动性和创造性,教师在教学中要充分尊重学生的个体差异和学习特点,为学生提供积极的学习支持和资源。

(三)教师的通识性知识

通识性知识,也叫文化知识,是指教师拥有的有利于开展有效的教育教学工作的普通文化知识,对教师的教育和教学活动有着重要的辅助作用。[1]通识性知识是激发学生学习兴趣、提高教师个人魅力的关键,具体来说,教师通识性知识应包括以下三个方面:

第一,哲学知识。哲学是关于世界观的学问。教师想要在事业上有较大的发展,就必须具有一定的哲学知识。教师除了必须掌握哲学的一般原理之外,还必须注意学习与本职工作密切相关的哲学分支学科知识,如教育哲学知识和科学哲学知识等。教育哲学研究教育领域里的哲学问题,揭示教育的普遍规律,是用哲学观点揭示教育的本质、目的、价值、方法等问题的理论性科学。科学哲学是关于科学知识和科学方法的性质的哲学学说,主要研究科学与非科学的界限、科学理论的结构、解释以及科学理论的发现、发展的方法问题等。

第二,自然科学知识。自然科学是关于自然界发展规律的知识体系,它以自然界、自然现象为研究对象。数学、物理学、化学、生物学、医学、天文学、气象学、地质学、农学和各种技术科学都属于自然科学。教师必须掌握一定的自然科学知识,并不断提升自身的科学素养。随着现代科学技术的发展,自然科学、社会科学将不断融合,教师应具备丰富的自然科学知识,才能在教学中做到文理渗透,促进学生和谐发展。只有对知识体系有所了解,才有可能帮助学生建立对知识的整体认识,拓展学生思维的广度和深度,提高学生融会贯通的能力。

---

[1] 辛涛,申继亮,林崇德.从教师的知识结构看师范教育的改革[J].高等师范教育研究,1999(6):12-17.

第三，人文社会科学知识。社会科学是人类关于社会现象及其规律的知识体系。包括政治学、经济学、法学、社会学、文学、史学、管理学、民族学等。社会科学与自然科学一样，在推动社会发展和时代进步上具有同样重要的作用，只是侧重点不同。自然科学主要是解决生产的工具、动力、材料和工艺过程等问题，而社会科学则是解决生产力的组织、管理和生产关系、人际关系以及个人社会的良性运动和协调发展的问题。

（四）教师的实践性知识

教师实践性知识是教师通过对自己教育教学经验的反思和提炼所形成的对教育教学的认识，教师对其教育教学经历进行自我解释而形成的经验，上升到反思层次，形成具有一般性指导作用的价值取向，并实际指导自己的惯例性教育教学行为，这便是教师的实践性知识。① 北京大学教育学院陈向明教授提出了教师实践性知识包括关于自我的知识、关于学科的知识、关于学生的知识、关于教育情境的知识四个方面的基本内容，而这四个方面的基本内容都受到更上位的、对教育本质之信念的影响。②

第一，教师的自我知识在教学中起着至关重要的作用。这一类知识要求教师清晰地认识自己，明晰自己的特点，并了解自己的优势与劣势，以便在教学中扬长避短，运用自身的特点来提高教学效果。个人信念与价值观是教师自我知识的重要组成部分。教师应该审视自己的信念和价值观，了解自己所秉持的教育理念和价值观是如何影响自己的教学方式和行为的。通过深入思考和反思，教师能够更好地与学生建立起积极的师生关系，并提供有效的教学指导。

第二，教师学科的知识，包括教师的课程知识、教学知识、学科教学知识。此类知识要求教师应知晓所教学科的知识体系，而且需要知道学科知识是如何被编排进课程的，学科课程标准是如何制定的，教材内容的选择标准是什么，如何制定教学方案，如何开发和利用课程资源。此外，教师需要有"贯通"的能力，即通晓本学科在各个年级教学中的安排以及相互之间的联系，掌握各年级教学的重点和难点，了解本学科内容各知识点之间的关系以及本学科内容各知识点之间的关系以及本学科与其他学科之间的关系等。

第三，教师关于学生的知识，是教师了解学生及其特质的知识，指教师对学生学习能力、学习动机、学业表现、认知形态、学习态度或认知过程的理解。教师应该不断加强与学生的交往，建立良好的师生关系。通过与学生的沟通和互动，教师可以更好地了解学生的兴趣、需求和问题，以便给予恰当的教育指导。在了解学生的特点和个性的基础上，教师应当尊重学生的人格和权利。每个学生都是独特的个

---

① 傅建明.教师专业成长理论与实践[M].北京：中国轻工业出版社，2022：29.
② 傅建明.教师专业成长理论与实践[M].北京：中国轻工业出版社，2022：31.

体,有自己独特的思维方式和情感需求。作为教师,应该避免对学生产生偏见和歧视,尊重学生的差异性,并给予他们平等的机会去发展和展示自己的才能。同时,教师应该给予学生适当的支持和鼓励,让他们感受到被接纳和被尊重的情感认同。

第四,教育情境知识,是教师根据他们的教育经验所获得的实践知识,能使他们在教学中灵活应对各种变化和挑战。通过掌握教育机智,教师能够因势利导,善于顺水推舟。要掌握教育机智,教师需要主动养成研究的习惯,不断学习和掌握教育学与心理学的知识。了解教育学和心理学的理论和原则可以为教师提供指导,帮助他们更好地理解和把握教育对象的心理特点,这需要教师进行细致入微的观察。通过观察学生的行为和反应,教师可以更好地了解他们的需求和困难,并据此调整教学策略,提供更有效的教育支持。

第五,教育本质信念。无论是教师关于自我的知识、关于科目的知识、关于学生的知识,还是关于教育情境的知识,都投射出教师关于教育本质的信念。教育本质信念表现为:教师如何理解教育?如何看待教育活动的本质?什么是好的教育?教育的目的是什么?对这些关键问题的理解直接影响到教师对其职业是否热爱,对教育活动是否有信任感,采取教育行动时是否具有方向性和坚定性,在复杂的教育教学情境中能否果断地作出判断和决定。

第三节 教师能力素养

任何一种职业都要求从事这项工作的人,除了掌握特定的知识、具有相应的知识素养外,还要具有相应的能力素养。教师是教育的实施者、组织者和引导者,教育是教师实现其价值的手段和途径。教师的职责不仅仅是传授知识,授之以鱼不如授之以渔,在教育中更要注重对学生人格、信念、能力的培养,把学生培养成符合社会发展需要的合格人才。教师的能力素养是教师完成教育任务的前提,同时是教师职业素养的重要组成部分。

一、教师能力素养的概述

教师能力是教师在接受和参与教师教育、从事教育教学以及投身教研等活动中生成和发展的,能够适应社会发展、教师职业要求和促进自身专业发展的个性心理特征。[1]它主要体现在教师所实施的各种教学行为上,与学生的学习与发展有着

---

[1] 王光明,张永健,吴立宝.教师核心能力的内涵、构成要素及其培养[J].教育科学,2018,34(4):47-54.

密切的联系,是教师职业素养水平的外在表现,也是教师职业素养的重要衡量标准。教师应具有什么样的能力,理想的教师能力素养是怎样的,始终是一个仁者见仁、智者见智的问题。

心理学学者李孝忠认为教师的能力由一般能力和从事教育工作所需要的特殊能力即教育能力所组成。教师的一般能力包括观察力、记忆力、思维能力等,它们是各种教育能力的共同成分,实质是智力的基本要素在教育活动中的特殊表现。教育能力则包括思想品德教育能力、教学能力和组织管理能力。①

叶澜认为教师关于理解他人和与他人交往的能力、组织管理能力、教育研究的能力尤其重要。②

罗树华等人主编的《教师能力学》认为教师能力包括基础能力、职业能力和自我完善能力,较为全面地反映教师在教育、教学科研工作及自我提高过程中所需要的多种能力,并反映出教师能力的构成维度。③

综上所述,人们对于教师能力由哪几种能力构成的认识是一个动态的变化过程。教师的能力素养包括许多方面的内容,它是由多种能力组成的。随着新课程改革的实施与发展,对教师能力的要求越来越高,对教师能力的研究越来越丰富。

二、教师能力素养的内容

(一)教师的一般能力结构

1. 教师的观察力

教师的观察力。是指教师有目的、有组织地主动知觉有关对象的一种能力。教师细致的观察力是提高工作质量的必备条件,具有重要的意义。教师的观察力是对学生因材施教的依据,教师首先要通过观察了解学生,进而准确把握每个学生的情况才能做到因材施教。教师的观察力是发现人才的关键,正如韩愈所说"千里马常有,而伯乐不常有",这正是说明了作为"伯乐"的教师拥有敏锐观察力的重要性。教师的观察力是增强教育教学敏感性的前提,只有善于察觉学生行为的变化,把握学生的思想脉搏,才能及时给予指导,引导学生健康成长。此外,教师自我观察力是教师进行自我调节的重要依据,只有善于观察和分析自己,才能自觉努力地教育自己和完善自己。

2. 教师的注意分配力

教师的注意分配力是指教师在同一时间内将自己的注意指向不同对象的能

---

① 李孝忠.能力结构研究[J].心理学探新,1990(Z1):61-66.
② 叶澜.新世纪教师专业素养初探[J].教育研究与实验,1998(1):41-46.
③ 罗树华,李洪珍.教师能力学[M].济南:山东教育出版社,2000:4.

力。在教学中,教师不仅要随时注意学生的听课情况、处理好各种偶然事件、维持好课堂纪律,同时还要科学合理地安排教学时间。这些都要求教师具有良好的注意分配力,可以说良好的注意分配力是衡量教师教育教学水平的重要标志。教师良好的注意分配力不是与生俱来的,而是有意识地培养和锻炼发展起来的。教师要提高注意分配力,首先要熟练掌握教材和各项教育教学的基本功,其次课前要做好各种准备,最后教师还要"吃透"学生,熟知每个学生的特点。

3. 教师的记忆力和想象力

牢固的记忆力也是教师做好教育教学的重要条件。教师需要记住每个学生的具体情况,才能针对学生的特点,选取最有效的教育教学方法。教师还要牢记教学的内容,才能根据实际需要,随时加以提取和利用。一个随做随忘的教师是做不好教育教学工作的。此外,教师的工作是创造性的脑力劳动,这就要求教师具备丰富的想象力。想象力不仅在教育教学工作中是必不可少的。具有丰富想象力的教师可以对教学内容进行精心设计,将枯燥无味的知识赋予具有生命力,将知识生动形象地、潜移默化地植入学生大脑,将深奥的事物形象化,不仅有利于帮助学生理解知识,还帮助学生发展自己的再造能力和想象力。

4. 教师的创造性思维力

教师的创造性思维能力是指教师能独立思考和解决问题,并在已有的知识和经验的基础上,进行创建性构思,以新的方式解决前人未曾解决的问题的能力。教师的创造性思维力主要表现在对自身教学工作的不断探索和改进上。具有创造性思维的教师经常会体验到一种不满意自己教育教学工作的感情体验,他们从不满足已经取得的成就,他们总是不断追求,对工作精益求精。教师的创造性思维力还表现在对教材再创造的热情和再现这种热情上,他们从来都不是冷漠的知识说教者和灌输者,而是知识的发现者、拥有者和创造者。

(二)教师的特殊能力结构

1. 教师的语言表达能力

语言是教师表达思想、传授知识的最基本的工具和最主要的桥梁。教师语言表达能力的强弱,直接关系到教育教学工作的成败,同时教师的语言修养在极大程度上决定着学生在课堂上的脑力劳动的效率。这就要求教师的语言表达要准确明晰,具有科学性和准确性,教师上课要用周密严谨的语言、精确的词语,来表达概念、阐述定理公式,以及进行分析综合,推理判断。教师的语言表达要简洁,要具有逻辑性和系统性,教师要对教材的书面语言进行加工提炼,尽量用最简洁的语言表达丰富的内容。教师的语言表达要生动活泼,具有形象性和主动性。生动形象的表达可以引起学生的直接兴趣,使其认真听讲,激发出强烈的学习动机,开启学生的智慧。教师的语言表达要通俗易懂,具有通俗性和大众性,教师的讲话要使学生听得懂,用语要有针对性,不能仅是堆砌华丽的辞藻。教师的语言表达要抑扬顿挫,具有节奏性和和谐性,要注意根据讲授内容的特点和表达上的情感需要,有高有低,抑扬起伏。

2. 教师的研究学生能力

学生是教师教育教学的对象,了解和研究学生是教师的一项最基本的专业能力,也是教师发挥教育教学艺术的先决条件。教师对学生良好的研究能力主要表现在能体察学生内心的细微变化,并透过这些细微表现把握其知识背景和发展水平,掌握学生心理状态,深入学生的意识中了解学生的自我观念;表现在教师能迅速地进行观察,善于抓住学生内心活动的主要表现,真实地判断发生的情况,及时处理问题;表现在教师全面系统、客观公正地从时间和空间等各个方面进行了解和研究,善于利用一切机会对学生进行多角度地了解,从时间上来看,包括课内、课外,从空间上来看,包括校内、校外。只有全面了解、研究学生,才能客观指导学生的学习与生活。

3. 教师的组织管理能力

教师要善于把全班学生的注意力集中到教学内容上来,将不同的学生组织起来,形成自觉的班集体,这些需要教师有较强的组织管理能力。教师组织管理能力的强弱,在一定程度上对教育教学工作的成败起着决定性的作用。一般而言,教师的组织管理能力主要包括制定教育教学计划的能力、组织加工教材的能力、组织管理课堂的能力与组织管理学生的能力。有效地制定教育教学计划是教师开展工作的前提,是增强教育教学目的性或自觉性的重要条件。组织加工教材是指教师要将贮藏在教材之中的人类文化成果进行一定的加工与组织转化成学生的知识。组织管理课堂能力是教师组织管理能力的又一个重要方面,课堂组织管理得当与否,直接关系到教育教学的效率和效果。良好的课堂教学指标还包括秩序井然和气氛民主。组织管理学生的能力是指教师面对的是一个班级的学生,要确立集体目标、建立集体核心、组织集体活动。

4. 教师的教育机智能力

在教育过程中,教师在面对错综复杂的情况,特别是对突如其来的偶发情况,能够正确地判断,恰到好处地做出处理,从而取得良好的教育效果,这就是教育机智。教育机智是教师各种才能的综合表现,是教育学、心理学的理论水平和教学经验的积累和概括。教师在运用教育机智时要注意根据学生的具体情况,运用循循善诱的方式加以教育引导,做到长善救失。要根据现场情况,灵活机智地处理教育教学活动中的偶发事件,及时调节和消除矛盾,有效影响和教育学生。在处理教育教学中的问题和事项时,要讲究分寸恰到好处,如果不注意分寸,不仅不能达到预期的效果,还会影响学生的健康成长,教师的教育机智应该以教育规律为依据,从学生的实际情况出发,处理好教育过程中发生的每个问题。教育机智不是灵机一动的产物,而是理论与实践、原则性与灵活性相结合在教育教学中的具体表现。

5. 教师的沟通交往能力

在教育过程中,教师需要妥善处理与学生、同事、家长以及其他社会行业人士之间的关系。这些关系是否处理得当,会在一定程度上影响教师在教育教学工作中的成效。因此,教师需要具备一定的沟通交往能力,其中包括以下几个方面:

(1) 教师需要善于关注他人。关注他人是人际交往的起点。教师应该关注学生的心理和行为变化,分析这些变化的原因,寻找其中的规律。

(2) 教师需要尊重和信任学生。这是人际交往的前提。教师应该意识到,学生与教师在教育活动中是完全平等的,所以应该尊重每个学生的个性特点。

(3) 教师需要善于倾听。经常倾听每个学生的需求,分析他们内心的活动,为学生提供解惑答疑的支持。

(4) 教师需要学会理解和共情。教师的工作对象是处于成长过程中的青少年学生,他们不仅需要教师的指导,还需要被理解和尊重。因此,教师应该站在学生的角度上思考问题,体会他们的感受和需求。

(5) 教师需要具备良好的沟通交往能力,以更好地处理各种群体关系,实现与学生、同事、家长以及社会其他行业人士之间的有效沟通,提升教育教学工作的质量和效果。

6. 教师的教学设计能力

教学设计能力是指教师运用教育原理与方法,在考虑学生特征和环境条件的基础上,为促进学生学习和发展而制定教学活动方案,最终实现教学目标的能力。在设计教学目标时,教师必须综合考虑教育对象的身心发展水平,根据学生的个体特点和教学任务,精心设计教学目标。在创建适宜的教学环境方面,教师应努力营造良好的学习氛围,以帮助学生更好地学习。在教学内容设计方面,教师应与时俱进,选择与学生需求相关的教学案例,并了解社会对学生的要求,合理安排教育教学内容。在教学模式设计方面,教师应避免单一的教学模式,而是将多种教学模式相结合,例如,将传统的讲授模式与问题驱动、任务驱动的教学模式相结合。在教学方法设计方面,不同学科的教师应根据学科特点和学生发展状况,合理选择教学方法。例如,一些科目适合在课堂上进行教学,一些科目适合在实地环境下进行教学,还有一些科目则适合结合两种教学方式,这就要求教师灵活运用多种教学方法。在教学工具的选择方面,教师应充分利用互联网技术,提高自身的数字素养,并将数字媒体应用到教育教学中。

7. 教师的教学实施能力

在教师的专业教学能力结构中,教学实施能力扮演着核心角色。这一能力主要体现在教师的课堂讲授能力和教学方法选择能力等方面。在教育教学过程中,教师的教学实施能力显得尤为重要。为了实现最佳教学效果,教案的精心设计需要与完美的实施相结合。在信息化时代,教师已经摆脱了过去仅仅是知识传授者的角色,而转变为教学研究者和学生学习引导者。教师应当与学生进行更多的交流互动,及时了解学生的情况,并根据学生的实际情况调整自己的教学行为。教师通过积极调动学生的参与性和积极性,可以更好地提升人才培养质量,并取得更好的教学效果。

8. 教师的教学评价能力

教师的教学评价能力包括教师对学生的表现和参与度的评价能力。教师应该能够准确观察和评估学生在课堂中的参与情况,包括回答问题的积极性、课堂讨论的参与度以及课堂作业的质量等方面。这种评价能力可以帮助教师了解学生的学习态度和参与度,从而合理调整教学策略,提高教学效果。此外,教师的教学评价能力还包括对学生学习过程的评价。教师应该能够观察和评估学生在学习过程中的困难和问题,包括学习方法的使用是否得当、学习时间的安排是否合理等方面。通过评价学生的学习过程,可以帮助学生发现和解决问题,提高学习效果。另外,教师的教学评价能力还包括对教学方法的评价。教师应该对自己采用的各种教学方法进行评价,包括讲授方式的合理性、教学资源的有效性以及教学活动的设计等方面。通过评价教学方法,可以找出改进的空间,提高自己的教学能力。总的来说,教师的教学评价能力是一个综合能力,包括对教学内容、学生学业成绩、自身教学实践、学生表现与参与度以及学习过程和教学方法的评价能力。只有通过对这些方面的评价,教师才能不断提升自己的教学水平,给学生提供更好的教育教学环境。

【案例 3-2】

把握当下,点滴研究

回想成为教师的这几年,是忙碌而充实的。刚走入教学岗位的我,进步了许多,能更加深刻理解之前学习的理论,又能发现很多书本之外的教学技巧,闲暇时再阅读一些教学理论,温故知新,能更好地提高我的教学水平。但是很明显,仅仅专注于教学能力的发展是不够的,作为教师,也不能忽略研究这方面。学校要求入职三年内的年轻教师每个学年都要设立课题,也鼓励我们教师之间自主搭建团队。科研对我来说,并不是一件很困难的事情。在学校时,我就参与过学校组织的国家级课题的申报,并且也写过几篇课程论文,获得学校前辈较高的评价。但是想要作出有价值的课题,产出优秀的研究成果,就一定不是一件简单的事情。可能再过两年,我就要面临评职称中科研这一版块的硬性要求,所以相对比较着急,心想不如从现在就开始累积。

但说着容易做到难,日常需要备课、上课、听课,作为班主任,还要进行班级管理,关注学生身心健康发展和家长沟通,等等;想要静下心来、留出时间撰写论文太难了;同时,找到一个方向进行研究也不简单,课题申请书怎么才能脱颖而出,从而能够申请下来,是否要和其他老师合作,这些都是问题。我现在更倾向于独立研究,毕竟每个人的教育理念都是有差异的,想研究的方向也是大不相同,一个人的效率也更高。我目前关注的领域是关于自我领导力教育的,这也契合我们学校的教学理念,相信每一位孩子都可以成为领导者,从而激发每个学生的内在最大潜能,为他们提供必要的领导力技能,使他们能在面对未来的生活中做好准备。在对这方面的研究中,我发现领导力不是简单的教与学,领导力方面的研究不是粗浅地掌握概念就能实现的。这个概念要落实到位,需要更加扎实的理论基础和实践经验。所以在通过多种手段促进学生感悟领导力概念的同时,我自己也在不断地丰富自己的阅读量,提高自身知识的广度和深度,阅读其他人的研究成果,努力学习更加贴合主题的研究方法,架构良好的研究框架。

除此之外,现在我有自己运营的公众号,以此为平台,发布一些微课视频和作业,完成线上线下的互动,在这个平台上,可以直接地获得一些反馈。并且,我经常在公众号上发布一些小文章,分享我自己的教育感悟,取材于我的教学实际、生活经历、教育新闻等。在不断地书写这样的小日志的过程中,其实也是在对自己的一个教学反思,回顾我的教学经历,反思的同时总是能诞生一些新想法,作为新的研究点。其实这个公众号在2018年底就创建了,那时候希望把它做好,但是因为教学任务繁重,一直没有时间和精力去运营,但是因为2020年初新冠病毒引发的疫情的关系,微课等线上课程受到重视,与学生的交流不再止步于校内课堂,在这个特殊时期,公众号发挥了作用。有时候我并不把这看作教育科研的素材,而是作为促进学生学习的手段,我和学生交流的信息方式,作为我促进自身教与学的实践。虽然对于现在的我来说,我研究出的成果还不够成熟,但我相信,把握当下从身边的点滴进行研究,我一定会创作出更好的内容,并以此带给学生更好的课堂体验。

资料来源:傅建明.教师专业成长理论与实践[M].北京:中国轻工业出版社,2022:103-104.

【点评】 案例中的教师虽然是一位年轻教师,但是具备一定的研究意识。她认识到"仅仅专注于教学能力的发展是不够的,作为教师,也不能忽略研究这方面",并且,她对研究的认识带有实践性的特点,不仅研究内容来自身边的点滴小事,研究的目的也在于创作出更好的内容以提高自身教学水平,带给学生更好的课堂体验,促进自身的教与学。

第四节 教师数字素养

强教必先强师,教师作为推进教育数字化的重要基础,如何切实加快数字时代教师发展成为当前教育领域的重点任务。2021年10月,习近平总书记在主持中央政治局第三十四次集体学习时提到,"要提高全民全社会数字素养和技能"。①2022年11月30日,教育部正式发布《教师数字素养》行业标准,为教师数字素养发展提供了指导方向。② 高水平的教师数字素养对于教师的教学实践、学生的发展以及教育的变革都起到了重要的推动作用。教师们应该重视数字素养的培养与提升,不断学习和应用现代技术,以适应数字化时代的教育需求,并为学生提供更优质的教育服务。

一、教师数字素养的概述

20世纪90年代,数字技术的快速、持续发展使得应用数字技术完成任务和解决问题的能力成为当时的基本素养要求。围绕这种新的素养要求,Gilster于1997年首次提出"数字素养",并认为其是理解和使用计算机呈现的复杂信息的关键能力。③随着数字化时代的发展,数字素养已经成为人们的基本生存技能之一。作为新时代的教师,由于其职业的特殊性,不仅要具备传道、授业、解惑的基本技能,还要凭借自身的数字素养帮助学生发展数字素养,以满足社会对人才的需求。

吴砥等学者对不同国家和国际研究机构教师数字素养的内涵进行梳理分析,指出教师数字素养是数字素养在教育领域的拓深与延展,是数字时代教师必备的关键素养,是信息素养在数字时代下的延伸与变迁,并立足于我国教育背景和教师发展目标深入剖析了教师素养内涵演进路径。④

2022年,教育部为提升教师利用数字技术优化、创新和变革教育教学活动的意识、能力和责任,研制并发布了《教师数字素养》标准,这标志着当前教师发展要求更加强调和聚焦于数字素养。该标准指出教师数字素养是指教师适当利用数字技术获取、加工、使用、管理和评价数字信息和资源,发现、分析和解决教育教学问题,优化、创新和变革教育教学活动而具有的意识、能力和责任。⑤

二、教师数字素养的内容

《教师数字素养》标准中给出了教师数字素养框架,规定了教师素养由数字化

---

① 新华网.习近平在中共中央政治局第三十四次集体学习时强调把握数字经济发展趋势和规律,推动我国数字经济健康发展[EB/OL].(2021-10-19). http://www.qstheory.cn/yaowen/2021-10/19/c_1127974061.htm.
② 中华人民共和国教育部.教育部关于发布《教师数字素养》教育行业标准的通知[EB/OL].(2023-02-21). https://www.gov.cn/zhengce/zhengceku/2023-02/21/content_5742422.htm.
③ 宋爽.数字经济概论分社[M].天津:天津大学出版社,2021:20.
④ 吴砥,桂徐君,周驰等.教师数字素养:内涵、标准与评价[J].电化教育研究,2023(8):108-114.
⑤ 中华人民共和国教育部.教育部关于发布《教师数字素养》教育行业标准的通知[EB/OL].(2023-02-21). https://www.gov.cn/zhengce/zhengceku/2023-02/21/content_5742422.htm.

意识、数字技术知识与技能、数字化应用、数字社会责任,以及专业发展五个方面构成。①具体如图3-1所示。

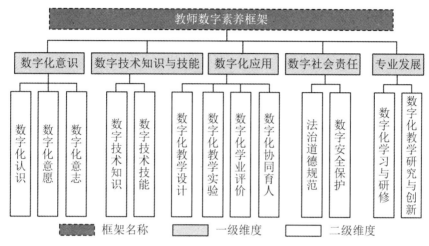

图3-1 教师数字素养框架①

（一）数字化意识

数字化意识是指客观存在的数字化相关活动在教师头脑中的能动反映。①数字化意识是教师在数字时代有效开展教育教学和持续发展的前提条件。在当前信息化和数字化的浪潮下,教育领域的发展也日益趋向于数字化。数字化意识对于教师来说至关重要,它意味着教师需要具备对数字化技术和资源的敏感性。教师要认识到数字化技术在教育中的重要性和应用前景,了解数字化技术对于学生学习的促进作用,以及数字化资源在教学过程中的价值,能够将数字化技术和资源融入到自己的教学实践中,同时具备使用数字化工具和平台进行教学设计和课程制定。总而言之,教师应该重视数字化意识的培养,努力提升自己的数字化意识,以更好地适应和引领数字化教育的发展。这将有助于提升教师的教学效果和学生的学习成果,为教育事业的进步作出贡献。

（二）数字技术知识与技能

数字技术知识与技能是指教师在日常教育教学活动中应了解的数字技术知识与需要掌握的数字技术技能,是教师实现数字技术与教育教学深度融合的基本要

---

① 中华人民共和国教育部.教育部关于发布《教师数字素养》教育行业标准的通知[EB/OL].(2023-02-21).[2023-08-21].https://www.gov.cn/zhengce/zhengceku/2023/02/21/content_5742422.htm.

求。①数字技术知识与技能对于教师在日常教育教学中的重要性不言而喻。教师需要了解和掌握数字技术知识和技能,以便能够将数字技术与教育教学深度融合,提供更丰富、更有趣和更有效的教育体验。教师需要掌握数字技术在教育教学中的应用方法和策略。这包括如何有效地使用数字技术来支持课堂教学,如何利用多媒体资源和在线教育平台来设计和开展教学活动,以及如何评估和反思数字技术在教学中的使用效果。教师还应该了解教育技术的最新发展趋势和研究成果,以便不断更新自己的教学方法和策略。此外,教师还需要具备一定的创新思维和问题解决能力。数字技术的发展速度非常快,新的应用和工具层出不穷。教师应该具备自主学习的能力,积极探索和尝试新的数字技术应用,以满足不断变化的教育需求和学生的学习需求。通过提升数字技术知识与技能,教师能够更好地应对数字化时代的教育挑战,提供高品质的教育教学服务。

(三)数字化应用

数字化应用是指教师应用数字技术资源开展教育教学活动的能力,①服务于教学设计、教学实施、学业评价与协同育人等教育教学全流程。数字化应用既是教师数字素养的核心体现,也是教师实现数字化教育教学的核心要素。教师的数字化应用能力对于个体教师和整个学校系统来说都至关重要。对于个体教师而言,数字化应用能力可以提升他们的教学质量和效率。通过数字技术资源,教师可以设计创新的教学活动,为学生提供更多样化和个性化的学习体验。他们可以利用在线教学平台、教育应用软件和多媒体资源等工具,创造出更具互动性和趣味性的教学环境。在整个学校系统层面上,教师的数字化应用能力对于推动教育的创新和改革具有重要作用。通过数字化应用,学校可以打破时空限制,实现跨地域和跨学科合作,提供全球资源和学习机会。数字化应用能够促进教育的创新和改革,提高教学质量和效率,为学生提供更好的学习体验。

(四)数字社会责任

数字社会责任是指教师在数字化活动中的道德修养和行为规范方面的责任,这是教师开展公平包容、绿色发展、开放合作的数字教育的根本保障。①作为数字社会的一员,教师应积极培养和提升自己的道德修养,具备正直、诚信、公正的品质,在教学过程中和数字化环境中都能以身作则。教师应该遵循职业道德,保护学生的隐私权和个人信息安全,避免利用数字化手段进行不当行为,如泄露学生资料或侵犯学生权益。教师应遵守行为规范,引领学生在数字化环境中作出正确行为。教师要明确自身在数字教育中的职责和权力,并确保这些权力的运用始终符合公

---

① 中华人民共和国教育部.教育部关于发布《教师数字素养》教育行业标准的通知[EB/OL].(2023-02-21).[2023-08-21].https://www.gov.cn/zhengce/zhengceku/2023-02/21/content_5742422.htm.

正和公平原则,积极推动数字资源的合理使用和共享,鼓励学生之间的开放合作,不断促进数字社会的共同发展。教师需要注重自己的道德修养和行为规范,以身作则,引领学生正确使用数字技术。积极推动公平包容、绿色发展和开放合作的数字教育理念,不断促进数字社会的共同发展。通过这样的努力,教师能够为数字教育的发展和社会的进步作出积极贡献。

(五)专业发展

专业发展是指教师利用数字技术资源促进自身及共同体专业发展的能力。[①]专业发展是教师日常教育实践中至关重要的一环,在当今数字化时代,教师利用数字技术资源促进自身及共同体专业发展的能力变得尤为重要。数字技术资源包括但不限于电子教育平台、在线学习资源、电子教材和教具、教育应用软件等,教师可以通过数字技术资源获得更新的教学内容和方法。数字技术资源为教师提供了便捷的学习和交流平台,教师通过在线学习平台参加各类专业培训和研讨会,获得最新的教育理论和研究成果。同时,教师之间也可以通过社交媒体、在线教学社区等平台进行交流和分享教学经验。这样的交流与合作有助于教师之间相互启发,共同提升专业发展水平。数字技术资源还提供了个性化的专业发展机会。教师可以根据自身的兴趣和需求,在众多的数字技术资源中选择适合自己的学习内容和方式。比如,利用在线学习资源开展自主学习,通过参与在线课程提升教育技术应用能力,或者使用教育应用软件创新教学方式等,这些个性化的学习机会有助于教师在专业发展中发挥自己的优势并实现自我价值的提升。教师应积极主动地探索和应用数字技术资源,通过不断学习和交流,提升自身专业素养,为学生提供更优质的教育服务。

【案例3-3】

智能系统优化小学语文教学

山东省青岛西海岸新区兰亭小学课前互动古诗诵读,教师采用畅言课堂中的"翻翻卡""连线"功能,激发学生的学习兴趣。教师提前布置畅言作业,了解学生在字音、字形上存在的问题,掌握学情。教师可以通过畅言作业布置"我当小讲师"讲解课文活动,还可通过畅言作业统计数据了解学生的易错点,提升教学效率。

实施过程如下:
(1)课前准备。
利用畅言课堂练习"古诗闯关",让学生给古诗连线。

---

① 中华人民共和国教育部.教育部关于发布《教师数字素养》教育行业标准的通知[EB/OL].(2023-02-21).https://www.gov.cn/zhengce/zhengceku/2023-02-21/content_5742422.htm.

(2) 回顾导读页。

学生通过单元导读页了解本单元的语文要素,解析人物的思维过程,加深对课文内容的理解。

(3) 字音字形闯关。

首先,教师从提前布置的畅言朗读作业中选取本单元容易读错的字,让学生进行互动领读。然后,教师讲解多音字"夫",点击草稿箱发起互动练习,并进行纠错。

(4) 课文内容闯关。

学生当"小讲师"讲解课文《自相矛盾》,并提问:"其人弗能应也"的原因是什么? 台下学生点击"抢答"功能键回答问题。

《田忌赛马》选自《史记》,孙膑让田忌调整了马的出场顺序,从而赢得了比赛。教师问:孙膑是如何布置对阵图的? 请连一连线,并说说为什么孙膑要让田忌这样安排马的出场顺序。学生立即抢答,使用画笔功能连线并讲解。

学习《跳水》一课时,教师问:船长在危急时刻是怎么想的? 他的办法好在哪里? 在实际生活中,你会如何应对? 教师点击功能键发起互动练习,让学生积极参与小组讨论。

(5) 拓展阅读练习。

阅读材料《鸟》,重点思考晏子使用的办法怎么样,为什么要这样做。

(6) 总结归纳。

教师对学生进行思维启发,引导学生在实际生活中遇到问题时要像孙膑、船长、晏子那样,先分析情况,再选择合适的办法解决问题。

(7) 作业布置。

教师指导学生阅读《三国演义》和《水浒传》,让学生尝试用思维导图的形式分析某个人物。

资料来源:中国教育报. 2021 全国"智慧课堂"典型创新案例(二辑)[EB/OL]. (2022-01-10). https://web.ict.edu.cn/news/jrgz/xxhdt/n20220110_79678.shtml.

【点评】 本案例充分发挥畅言课堂的不同功能:朗读、报听写功能有助于了解学生单元字词的掌握情况,智能系统的连线功能有助于直观呈现人物的思考过程,小组讨论、抢答功能有助于深度挖掘人物解决问题的初衷,引发学生对问题的深入思考。智能技术的引入,让整节课不再单调枯燥,不仅让学生感受到语文的魅力,更培养了学生创新解决问题的高阶思维能力。

【拓展阅读】

"四有"好老师的标准

习近平总书记曾说过,一个人遇到好老师是人生的幸运,一个学校拥有好老师是学校的光荣,一个民族源源不断涌现出一批又一批好老师则是民族的希望。什么是好老师？在习近平总书记看来，有四条不能忘。

第一，做好老师，要有理想信念。古人云："经师易求，人师难得。"一个优秀的老师应该是"经师"和"人师"的统一，既要精于"授业""解惑"，更要以"传道"为责任和使命。好老师心中要有国家和民族，要明确意识到肩负的国家使命和社会责任。

第二，做好老师，要有道德情操。老师对学生的影响，离不开老师的学识和能力，更离不开老师为人处世、于国于民、于公于私所持的价值观。一个老师如果在是非、曲直、善恶、义利、得失等方面老出问题，怎么能担起立德树人的责任？广大教师必须率先垂范、以身作则，引导和帮助学生把握好人生方向，特别是引导和帮助青少年学生扣好人生的第一颗扣子。好老师应该执着于教书育人。如果身在学校却心在商场或心在官场，在金钱、物欲、名利同人格的较量中把握不住自己，那是当不好老师的。

第三，做好老师，要有扎实学识。扎实的知识功底、过硬的教学能力、勤勉的教学态度、科学的教学方法是老师的基本素质，其中知识是根本基础。过去讲，要给学生一碗水，教师要有一桶水，现在看，这个要求已经不够了，应该是要有一潭水。

第四，做好老师，要有仁爱之心。好老师应该是仁师，没有爱心的人不可能成为好老师。世界上没有两片完全相同的树叶。好老师一定要平等对待每一个学生，尊重学生的个性，理解学生的情感，包容学生的缺点和不足，善于发现每一个学生的长处和闪光点，让所有学生都成长为有用之才。

资料来源：中国共产党新闻网. 习近平谈"好老师"的四条标准[EB/OL]. (2017-08-17). http://www.hfuu.edu.cn/ggw/db/51/c6350a56145/page.htm.

本 章 小 结

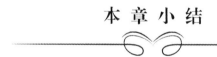

通过本章的学习，我们能够认识到新时代教师的职业素养由教师职业道德修养、知识素养、能力素养与数字素养四部分组成。教师职业道德修养是指教师为了适应教育教学工作的需要，根据教师职业道德的原则、规范和范畴的要求，所进行的自我磨炼、自我改造和自我提高的活动，以及经过道德改造而形成的职业道德品质和达到的职业道德境界。教师职业道德修养的内容包括提高教师职业道德认识、陶冶教师职业道德情感、锻炼教师职业道德意志、确立教师职业道德信念与培养教师职业道德行为习惯五个方面。教师知识素养是由多种教师知识要素整合而成的专业知识体系，它是教师在教育实践活动中，经由自身学习、建构、反思、外化，最终储存在认知结构中的动态知识体系，主要包括教师本体性知识、条件性知识、通识性知识与实践性知识。教师能力素养是指教师得以顺利和有效完成一定的教学活动所应具备的最直接、最基本的本领，包括教师的一般能力和特殊能力。教师数字素养是指教师适当利用数字技术获取、加工、使用、管理和评价数字信息和资源,发现、分析和解决教育教学问题,优化、创新和变革教育教学活动而具有的意识、能力和责任,包括数字化意识、数字技术知识与技能、数字化应用、数字社会责任,以及专业发展。

思考题

(1) 新时代教师应具有哪些方面的职业素养?
(2) 教师的职业道德修养的含义和价值是什么?
(3) 教师应该具备哪些方面的知识素养?
(4) 通过本章节的学习,你认为新时代的教师能力素养还应包含哪些方面?
(5) 教师的数字素养包括哪些方面?

第四章 教师隐喻的现代性反思

【学习目标】
(1) 厘清不同教师隐喻所传递的不同教育理念。
(2) 明确不同教师隐喻所体现的教师职业性质和教师职业价值之间的差异。
(3) 了解不同教师隐喻在现代教育中的适用性和局限性。

教师隐喻与学生隐喻和教育隐喻一脉相通,共同影响着人们的根本教育主张与实践。对教师职业的认识和对教育问题的深入,始终离不开对"教师是谁"这一问题的思考与分析。本章分别从教师权威性、专业重复性、可持续发展和职业价值四个角度出发,对教师是"警察""园丁""蜡烛"和"人类灵魂的工程师"四个隐喻作出反思,以期进一步厘清教师职业性质,彰显教师职业价值,并反思这些传统教师角色隐喻在现代教育中的流弊和应然转向。

第一节 教师是警察——对教师权威性的反思

教师隐喻本质上是一种认识活动,反映着包括教师自身在内的社会公众对教师职业的认知与期待。不同的教师观催生出不同的教师隐喻,其中将教师喻为"警察"是基于对教师在教学中居于主导地位的肯定。鉴于隐喻具有解释多元和外延宽泛等特点,以下仅从该隐喻所反映的教育理念、职业性质、职业价值及现代性反思等方面来展开讨论。

一、"教师是警察"所体现的教育理念

教育理念是"教育主体在教学实践及教育思维活动中形成的对'教育应然'的

理性认识和主观要求"①,它涵括教育主体对自身职业的理解与定位,并借此被表现和反映。通常,厘清"教师是谁"这一问题即是在明晰教育理念。

【案例 4-1】

教师是警察

在一次关于"受教育者如何看待学校和教师"的主题探讨中,几位高中生作出了如下叙述:

"学校……一面强调给学生充分的自由,一面制定各种框框约束他们;利用学生尊师重教的心理,说一些永不兑现的谎言。"

"教师是警察,没有手枪手铐却有十个警察加起来也不及的'侦破方式'。"

"受教育者是常常做着她极不愿做的事的人……"

资料来源:刘云杉.学校生活社会学[M].南京:南京师范大学出版社,2000:365-367.

【点评】 结合上述案例来看,"教师是警察"更多是对教师职业的一种"负面"解读,它强调教师在教学过程中处于主导地位,认为教育活动应由教师主宰,学生须服从教师,被动接受教师强制性的管理措施。这与中国社会最具代表性的"贵师重傅"思想和近现代教育中的"教师中心论"观点颇为一致,其从本质上而言以经验主义、行为主义和社会本位为基本前提②。

受该隐喻的影响,教师的教育教学工作会取得一定成效,如教师的师道尊严被维护、学生的不良行为被规正、课堂的纪律管理被优化等。然而,若教师一味地在教育教学中为自己"赋权",学生必将日趋"失权",民主性将在教育场域中不复存在,师生关系终将走向对立,课堂也将沦为教师生硬灌输的"一言堂"。

当前,我国已成功开启以立德树人为本的中国式教育现代化之路,教师队伍质量的提升已然成为迫切之需与根本依靠,这在一定程度上要求新时代教师须扬弃传统的权威主义,与时俱进地发展社会主义教育事业。

二、"教师是警察"所规定的教师职业性质

教师以教书育人为基本职责,是"学校中传递人类科学文化知识和技能,进行思想品德教育,把受教育者培养成一定社会需要的人才的专业人员"③,其专业性主要体现为教师工作的专业性和教师发展的专业性。

从职业性质上看,警察也是一种专业性较强的职业,且不论是警察还是教师,

---

① 眭依凡.简论教育理念[J].江西教育科研,2000(8):6-9.
② 王文东.心灵的教化:变革社会中的中国师德[M].成都:四川人民出版社,2003:81.
③ 顾明远.教育大辞典:第一卷[M].上海:上海教育出版社,1990:230.

都须具备良好的思想政治素质、科学文化素质与个人专业技能,此外,强烈的社会责任感与使命意识也同为胜任这两项工作的必要前提。鉴于警察和教师之间存在诸多职业相似性,假借前者喻指后者的确极具说服力。不过,警察多以威严震慑的形象而受公众肯定,因此"教师是警察"这一隐喻更多映射的是社会对教师绝对权威的认可,教师内隐的教育机智则易被小觑。

一方面,社会公众容易忽视教师在处理教育问题时,能自主地从教育视阈出发,以专业的思维方式分析问题①,并采以适切的教育方法解决问题,丰富的知识储备和教育敏感性在此过程中发挥了功效,教师无须借助警察所使用的警棍、警枪与手铐等特定工具便能攻克教育难题。

另一方面,相较于警察绝对理性和严格管制的职务处理方式而言,善于循循善诱和情感共鸣的教师更能走进学生心灵深处,从而有效传递教育爱,在教育者与受教育者之间生成理解,真正构建和发挥教育价值。

在提倡教育要"以生为本"的今天,教师只有不假权威之力依然能维持师道尊严,才能深受学生信服,促使学生主动接受教育,真正凸显教师职业的专业性。

三、"教师是警察"所彰显的教师职业价值

职业价值蕴于职业价值观之中,反映的是社会公众对某一具体职业的信念、态度与评价。教师和警察作为以知识和法律来"育人"的职业,被公认为具有"高价值",因而备受社会尊重与推崇。以"警察"喻指教师在一定程度上是对教师职业价值的双重肯定。

从社会价值的角度来看,教师工作是联系人类过去、现在和未来的纽带,能够通过传递人类文明实现对人类社会的延续和发展。教师作为未来国之栋梁的培育者,不断践履着育人职责,为培养社会主义建设者和接班人殚智竭力。与警察无异,凭着治国安邦的远大志向,教师最终能够实现教育报国的理想和自身的社会价值。

从个人价值的角度来看,教师从事的是一项极富创造性的工作,不断生成的教育机智、推陈出新的教育思想、有的放矢的教育方式和最终所培育出的创造性人才都是教师创造性的体现。另外,通过复杂且专业的劳动,教师可以获取合理的劳动报酬。在这样的工作中,人性的尊严得以被捍卫,个人的物质需要和精神需求能够被满足,这与警察通过胜任本职工作实现自我价值的逻辑近乎一致。

"百年大计,教育为本。教育大计,教师为本。"②教师只有自觉肩负起为党育

---

① 杨钦芬.论教师的教育立场[J].当代教师教育,2014(3):6-10.
② 习近平.做党和人民满意的好老师:同北京师范大学师生代表座谈时的讲话[M].北京:人民出版社,2014:13.

人、为国育才的光荣使命,如警察一般在个人事业上投入满腔真情,才能成为一名合格优秀的教育者,彰显教师职业的独特社会价值和个人价值。

四、对"教师是警察"的现代性反思

(一)"教师是警察"在现代教育中的流弊

"人民"一词常作"教师"和"警察"的前缀,以表明这两种职业秉承为人民服务的宗旨。从职业性质和职业价值的层面来看,教师和警察工作均具有服务性、专业性、权威性和不可替代性,并能更好地支持个人实现社会价值与自我价值,因此"教师是警察"这一隐喻有其合理性。然而,该隐喻在为教师形象与教师职业价值正名的同时,似乎缺乏对师生关系的建立与学生权益的保护的反思。

一方面,如果包括学生和教师自身在内的社会公众均承认"教师是警察",教师的"权威感"便会进一步深入人心。在日常的教学活动中,警察般的严师形象会逐渐消磨学生对教师的分享欲,教师对自身权威的维护则会致使其放弃主动与学生沟通的机会。另外,一旦学生违反学校规章制度或教学纪律,批评、管束与惩罚将优先成为教师的应对方式,学生内心的真实想法无从表述,事件背后的深层原因无法被剖析。长此以往,师生间情感交互的频次缩减,知识交互的质量下降,良性的师生关系难以在教学过程中建立。

另一方面,过多地为教师权威预留空间将导致学生话语在教育场域中日趋退匿。学生作为教育活动的主体,本应在教学过程中享有表达个人思想、情感和见解的权利,而"教师是警察"在某种程度上则规定了教师的权威不容置疑,学生的自觉性意志须附庸于教师的所思所行。当教师凭借权威成为教学活动的绝对主宰,随之而来的将是师生间"控制—被控制"关系的形成,学生的话语权无法得到根本保障,甚或逐渐失去真我。

当前,"师生之间知识传递的渠道在拓宽而感情沟通的渠道却在缩小"[①],这与部分社会公众仍坚持教师权威至上密切相关。强调教师权威固然有利于提高教师的教学效果和增强教师的职业认同感与满意度,但"以人为本"和"学生权利至上"的教学理念才更符合当今教育的发展趋势。

(二)"教师是警察"在现代教育中的应然转向

警察是社会秩序的维护者和国家安全的保卫者。以"警察"作为教师的喻体,强调的是教师威严的形象和"监控"学生的教学行为。传统教育强调教师的权威性,认为教学应以教师为中心,学生的一言一行都要受教师的约束和影响。在教学

---

① 孟东方,等."四个全面"战略布局的理论与实践研究[M].北京:人民出版社,2017:347.

过程中,教师常常扮演"纪律的执行者",承担着追究学生过错的"责任"。长此以往,"严师"的形象深入学生内心,师生间地位差距变大,心理隔阂加深,这一现状非但难以促进学生的成长,反而会助长学生的逆反心理。正如警察采取严苛强制的方式处理事务容易引发人民群众与警察之间的冲突,教师严厉独断的处理方式也会破坏师生关系,从而削弱教育效果。的确,教师威严对提升教学质量和促进学生综合发展有着重要作用,然而过犹不及,教师只有做到宽严适度,才能真正发挥教育的力量。以下是一则相关案例,我们可以从中获得启发。

【案例 4-2】

教师与警察不同

我又一次感觉到了生活导演的神妙。

某天下午班会课上还向学生强调:不打招呼就拿别人的学习用具是盗窃行为。晚上就有事情发生了,真的很像在配合我的教育。

美术课上要做手工,昨天,思彤、柳怡和许晴一起去买了用具,包括 24 块紫砂泥。晚自习时,她们将紫砂泥发下去后,柳怡把自己的那块放桌子上,便到讲台上算账,不料转身回来紫砂泥不翼而飞,怎么也找不到。据说,当时没有人出教室门,于是大家便开始搜寻,从身上到桌斗,再到垃圾筐,翻了好几遍,那 2.5 元一块的紫砂泥依然没有找到。

第二天一早,蓝菲很难过地对我说:"当班长第一天,竟然就发生了盗窃的事情。"(当时我们班轮流当班长。)

我安慰她:"先不要这么早下结论。咱们班同学本来就有不打招呼拿别人东西的习惯。"转而对学生说:"大家不是想锻炼自己的语言表达能力吗?现在正好就此事讨论一下。"

小娜首先站起来说:"是谁拿了紫砂泥,还是趁人不注意的时候,快想办法放回到柳怡的书桌里吧!"

有的却发愁:"都快把教室翻个底朝天了,还是没有找到,会在谁手里呢?那么大的一块紫砂泥,要藏也没地方藏啊!"

多数同学却嘀咕:"怎么会这样偷人家东西呢?才多少钱一块啊!"

少萱站起来说:"我感觉,可能是有的同学有不打招呼拿别人东西的习惯。昨天这位同学本不是想占有这块紫砂泥,他只是拿了看着玩,却不料被大家问起来,还逐步上升到了偷盗的地步,甚至开始搜查,他便不敢拿出来了!"

我惊异地看着少萱,转问别的同学:"你们感觉少萱说的有道理吗?"

学生答:"有!可能确实如此!"

我也连连点头,感慨万千地说:"我们少萱真的长大了!学会了从不同的角度分析问题,并且在表达自己的见解时简洁明了,大家该向她学习!"心里却想:如果是有人导演了这场丢失紫砂泥的事故,也一定是好意,想让大家改正乱拿别人东西的坏毛病;如果不是有人导演,而是真正丢失,少萱的解释应当是合理的。无论如何,我都希望同学们从这件事情里吸取教训,便问:"大家想想,经过了这样的搜查,无论拿紫砂泥的同学是有心还是无意,他现在好受吗?"

同学们摇头:"不好受!"

"那块紫砂泥他敢用吗?"

他们继续摇头:"绝对不敢再用!"

我说:"这就是乱拿别人东西的结果。如果别人不追究也就罢了;真的追究起来,人家说你偷盗,你可是一点辩解的理由都找不到。"因为早读课马上要结束了,我便匆匆说:"下午第三节自习课,我们继续讨论这个问题。"然而,下午第三节自习课讨论时,学生却说:"老师,估计拿紫砂泥的同学确实不是有意要偷盗。现在他已经受到了惩罚,这件事就不要再提了,免得同学们互相猜疑,闹得不痛快。"

我暗自点头,一来感叹大家确实长大了,二来感觉有人在导演此事的可能性更大了。但经过这一情景设置,班里乱拿别人东西的现象真的少多了。所以,若是哪个老师班级有这样的情况,不妨也如此导演一番。这是情景教育,也是自我教育的一种方式。

资料来源:李迪.智慧应对班级棘手问题[M].上海:华东师范大学出版社,2018:129-131.

【点评】 教师不同于"警察",惩戒并非教育的手段和目的,让学生从突发教育事件中发挥所长、获得成长才是一名教师的应然之举。此外,即使个别学生违背了教学规定和要求,比起威严冷酷的"警察式"处理方式,以德育人的教师更能唤醒学生的良知,捍卫学生的尊严,从而收获良好的教育效果。虽然传统的教师形象一直都是神圣不可侵犯的,教师被认为拥有至高无上的权威。不过在现代教育中,随着"以学生为中心"的教育理念的确定,教师所扮演的角色已转变成学生情感的支持者和学习的引导者。面对富有思想和情感的学生,教师应深入了解其年龄特点和心理需要,针对性地开展教育活动。

习近平总书记曾说:"老师还要具有尊重学生、理解学生、宽容学生的品质。离开了尊重、理解、宽容同样谈不上教育。'学而不厌、诲人不倦',有教无类,因材施教,教也多术,就是要求老师具有尊重、宽容的品质。这本身就是一种伟大的教育力量。受到尊重、得到理解、得到宽容,是每一个人在人生各阶段都不可缺少的心理需要,儿童和青少年更是如此。"[1]这在一定程度上要求教师放弃"警察式"的权威,成为尊重学生的民主型教师。

总而言之,从教师权威的角度来看,"教师是警察"这一隐喻存在绝对性和片面

---

[1] 习近平.做党和人民满意的好老师:同北京师范大学师生代表座谈时的讲话[M].北京:人民出版社,2014:10-11.

性,但其背后所彰显的教师职业的专业性、不可替代性和巨大的社会价值等在现代教育中仍不容忽视。

第二节 教师是园丁——对教师专业重复性的反思

齐格蒙·鲍曼曾指出,"现代性的展开就是一个从荒野文化向园艺文化(garden culture)转变的过程",且园艺文化"只有依靠专业知识阶层的存在才得以为继"[①]。在教育领域,知识的化身——教师就常扮演"园丁"一角,以理性和技术不断推续着教育界"园艺文化"的发展。

一、"教师是园丁"体现的教育理念

"园艺文化"以"科学"为合法性话语,以征服自然和规训个人的"技术"为得力工具,逐步成为了主宰现代社会的资源。[②]根据园艺文化的发展需求,"园丁"角色须由理性的知识精英来担任。在教育领域,教师作为知识的传递者与创造者,自然地担任起了"园丁"一角。

对于园丁而言,以敬业的精神和娴熟的技艺服务园圃是其终身使命,按照既定的理想设计栽培新苗、保护好苗和修剪坏苗乃其职能所在。由此可知,"教师是园丁"这一隐喻所传递的核心教育理念是:教学活动应根据预先的教学设计来开展,教师要以敬业的精神和服务的态度教育学生,对符合教学要求的学生给以支持,对背离教学期待的学生加以教导,确保能有效达成预定的教育目标。以下是一则有关"园丁式教师"的实例。

【案例4-3】

"负责"的金老师

金老师从事幼儿教育工作已有十余年,工作期间,她总是尽职尽责,用心教育学生和管理班级,她自称自己是"孩子们的园丁"。在学生家长眼中,金老师是一位认真负责、张弛有度的老师;在其他教师眼里,金老师特别关注班级常规的建立,并有着自己独特的班级管理方法,她所带班级的孩子总是比其他班级的孩子更乖巧听话。

---

① 齐格蒙·鲍曼.立法者与阐释者:论现代性、后现代性与知识分子[M].洪涛,译.上海:上海人民出版社,2000:67.

② 阎光才.教育的生命意识:由荒野文化与园艺文化的悖论谈起[J].清华大学教育研究,2002(2):49-54.

为了维持班级常规和保证活动效果,无论是学习活动还是生活活动,金老师对孩子的首要要求总是:保持安静和练习常规。在金老师的长期"教育"下,班里的孩子总是能在晨间户外活动、游园会和班级公开课等公共活动中因遵守纪律而备受表扬和奉为榜样。

【点评】 从上述案例可以看出,教师以"园丁"作为角色定位能在一定程度上保证教学的"质量"和效果,但它忽视了学生的内在需求和教育的真正本质。从学生的立场来看,这样的教学方式固然能为他们的成长提供一定保障,却也意味着他们将失去自我发展和自我创造的自由。

在提倡顺应学生天性发展的今天,"园丁式"的教育方式已缺乏时代适用性,我们在肯定园丁隐喻之合理性的同时,也要看到其局限所在。

二、"教师是园丁"规定的教师职业性质

园丁素来给社会公众留以恪尽职守和勤恳敬业的印象,以园丁的精神为基本内涵的"园丁精神"更是在教育界中备受推崇。将教师喻为"园丁",既是对教师职业的赞誉,又为教师行为提供了样板。从职业性质的层面来看,"教师是园丁"这一隐喻在肯定教师行业具有服务性的同时,也凸显了教师工作的重复性。

一方面,在"以生为本"的思想指引下,教师需不断为学生提供"专业服务",主要包括传递专业的学科知识和进行专业的心理辅导,高质量的"服务力"逐渐成为了新时代教师发展的重要保障。与此同时,为构建良好的教育生态网,教师与家长、学校和社会之间也要相互协作与服务。教师"服务力"的充分发挥不仅有利于学生的全面发展,还能为教师自身的发展赋能。

另一方面,教师和园丁作为各自领域的"技术"掌握者,"重复作业"是不可避免之事。对于园丁来说,等待培育的花苗虽在种类、形态和成熟期等方面存有差异,但朝培夕溉、松土施肥和修枝剪叶都是普遍适用的培育方法。反观教师的工作,纵然学生的兴趣爱好、发展水平和心理需求各有差异,但模式化的教学与管理仍是教师一贯采用的"有效"教育方式。

中共中央、国务院《关于全面深化新时代教师队伍建设改革的意见》提出:"造就党和人民满意的高素质专业化创新型教师队伍。"诚然,教师如果像园丁一样工作,的确能在一定程度上保证自身向"高素质"和"专业化"的方向发展,然而若要成为党和人民满意的"创新型教师",新时代教师仍须进一步厘清自身职责,更新教学方法,拓宽教学思路。

三、"教师是园丁"彰显的教师职业价值

园丁作为园圃内每一株花苗的栽种者,其职业价值蕴藏在培护花苗生长的过程之中。作为与园丁职责相似的教育者,教师也在促进学生成长成才的过程中,不断发挥自身工作的价值。以"园丁"喻指教师,一定程度上是在强调教师工作的育人价值。概括来说,这一价值需要教师通过"知责""担责"和"履职"来体现。

首先,教师通过"知责"认识育人价值。责任作为义务的一种转化形态,多受个人道德约束。教师只有凭借内在道德感认识并肯定自身所肩负的责任,才能加深职业认同感,进而在强烈的职业认同感的推动下,使教师职业的育人价值显性化。

其次,教师通过"担责"领会育人价值。通过对教学工作的持续投入,教师能够亲历教学活动对学生知识水平、思想品德和行为习惯等产生的重要影响,从而明晰教师职业的育人价值。

最后,教师通过"履职"实现育人价值。履行教育职责的过程即是育人价值实现的过程,教师通过转换教育理念、更新知识结构和优化教学方法,不断向专业化教师的方向发展,从而更好地发挥教育的育人功能。

一言以蔽之,教师如同园丁,在社会中扮演着重要的"培育者"角色,"成就种子"的过程就是其职业价值实现的过程。

四、对"教师是园丁"的现代性反思

(一)"教师是园丁"在现代教育中的流弊

古今中外,不乏教育家将学生喻为"种子""幼苗"或"花朵",如赫尔巴特、福禄贝尔、叶圣陶和李生兰等,"园丁"也自然成为了对教师的喻称。事实上,在教育领域,"园丁"已近乎是"教师"的同义词。不过就本质上而言,教育是一项区别于园艺劳动的为人而存在的活动,因此教师在扮演"园丁"一角时,应密切联系教育现实,避免出现以下问题:

第一,过分倚重预先的教学设计。园丁作为纯熟技术的掌握者,拥有理性设计园圃的权利,并会严格按照既定的"理想蓝图"调控花苗的呈现样态。如果教师无法批判性地看待这一问题,一味地根据预定的教学设计开展教学活动,则会压抑学生独特的生长性和发展性,扼杀教育主体间"良性碰撞"的机会与知识创新的可能。

第二,剥夺学生自由成长的权利。对于园丁而言,花苗旁逸斜出意味着园圃混乱无序,因此园丁的职责就是按照园圃的"秩序"对花苗进行精修细剪。迁移至教育领域,这便是一种违背自然的教育方式。卢梭曾说:"他不愿意事物天然的那个样子,甚至对人也是如此,必须把人像练马场的马那样加以训练;必须把人像花园

中的树木那样,照他喜爱的样子弄得歪歪扭扭。"①这句话是对规训化的"园丁式"教育的抨击。教师若像园丁修剪花苗那样规整学生,便是在剥夺生命自然舒展和健全生长的权利。

第三,背离教育的公平与正义。花圃中的花苗参差不齐,并非所有的花苗都能得到园丁的悉心培育,一些生长速度缓慢的花苗甚至难逃被铲除的命运。反观现在的教育,追捧"优势学生"和忽视"劣势学生"的现象并不少见,这在一定程度上是除旧布新的"园丁心态"所致。这种心态所促发的教育行为将严重挫伤学生自尊,侵犯学生合法权益,最终破坏教育的公平和正义。

习近平总书记指出:"青年要顺利成长成才,就像幼苗需要精心培育。"②这肯定教师要像园丁精心培育幼苗一样,用心教育学生。作为学生成长成才的引路人,教师应坚守教育公平底线,合理把握教学中的预设和生成,因势利导地推动学生发展,争做顺应学生天性的"专业化园丁"。

(二)"教师是园丁"在现代教育中的应然转向

当前,社会转型持续加速,教育研究不断深化,这要求我们对传统教育进行"扬弃",对传统教师角色作出反思,并取其精华使之融入现代教育。诚然,教育不是园艺,而是面向鲜活生命个体的事业。教师也非园丁,其面对的是有独立意识的学生。然而,在中西方的历史长河中,"教师是园丁"之说一直得以延续与发展,必然存在其合理性。以下是一则相关案例,我们能够借此了解以"教师是园丁"作为自身角色定位的教师所表现出的实际教育行为。

【案例 4-4】

一位青年教师的自述

我坚信没有一个学生是一无是处的。作为一名人民教师,我觉得要打开一扇智慧之窗,去悉心发现每一个学生散发的光圈。正如众人所比喻的那样——教师是园丁。我们自然不单要欣赏松柏的四季常青,不单要欣赏桃杏的争奇斗艳,更要学会欣赏小草、小树的顽强生长。

好风凭借力,理念当为先。作为一名刚踏上教育道路,并且同时担任班主任的青年教师,我努力结合实际,将先进的教育管理理念运用到农村基层教育上来。我期望孩子们从小就培养出好习惯、好品质,期望每个学生都能有一份担当、一份责任,以便长大以后形成独特的个人魅力。

在初步了解学生之后,我结合学生的特长及性格特征,对班级日常事务进行

---

① 卢梭.爱弥儿[M].李平沤,译.北京:商务印书馆,2011:6.
② 习近平.在纪念五四运动100周年大会上的讲话[M].北京:人民出版社,2019:14.

"全员分工",并且随着时间的推移和认识的加深,再不断地调整和改进分工方案。这个方法达到了预期的效果,也唤醒了学生的主体意识,学生会主动做好自己的本职工作,也有相当一部分同学开始互帮互助。这个方法克服了学生权利意识浓厚,而义务意识薄弱的弊病;也帮助了一些因为种种原因产生自卑感的孩子,让这些孩子重新找到自信,找回久违的笑脸。

刚接触班级的时候,我发现班上一些学生会疏远个别同学,给他们贴上很多标签,诸如"拖油瓶""蠢孩子""捣蛋鬼",等等。可是细心一点会发现,当老师提问的时候,他们偶尔会在半空中奔拉着小手,只要老师稍微给他们一些勇气,他们就可以站起来大声地回答问题,尽管回答得不是那么准确,但经过老师的引导他们便有很明显的进步。此外,在全班同学面前表扬他们,不失时机地引导其他学生关注他们的闪光点,就能使这些同学得到大家的认可,获得自信。我认真巧妙地结合学生的实际特点,让全班 50 名同学都有符合自己特点的一份小小职责、一个小小世界。教师要走进学生的心灵世界去发现光辉,去注入色彩,既让牡丹、桃花在这里争奇斗艳,同时也给平凡的小花、小草一片天空,让每一个学生都有光环,学会欣赏。

资料来源:王金凤.不若经年[M].武汉:武汉大学出版社,2016:57-58.

【点评】 结合上述案例可以发现,"教师是园丁"涵盖教师对自身职业的期望和评价,它在一定程度上能够促进教师的自我反思与专业成长。案例中的教师并没有忽视学生是发展中的、具有独立意义的个体,反而充分肯定了学生的个体差异和发展潜能,尽力发现并发挥每个学生的优势和特长,像园丁欣赏花苗一般欣赏每个学生,这体现的正是"教师是园丁"在现代教育中的应有之义。

总而言之,在当下的社会和教育变革期,教师隐喻需要被扩展和创新,传统教师隐喻有待被赋予新的内涵,不过这并不意味我们要完全摒弃传统隐喻。虽然"教师是园丁"蕴含一定的负面价值,但是经过时间的积淀,它已经具有相对稳定的意蕴,并得到了社会公众的广泛认同,甚至在一定程度上已根植在社会意识形态和价值评判体系之中。在提倡教师专业化发展的大背景下,教师还被冠以"研究者""专家"等名号,进一步深化了我们对教师职能的认识,教师不再是按照既定教学设计规整学生成长的"园丁",而应成为懂得扬长避短,帮助学生走上个性化发展之路的"园艺师"。

第三节 教师是蜡烛——对教师可持续发展的反思

自古至今,教师在人们心中留下了诸多丰富的形象,这些形象以诗句的形式被广为流传,以隐喻的方式被生动呈现。其中,"蜡炬成灰泪始干"和"教师是蜡烛"的隐喻凸显的是一种奉献式的教师形象,它既反映了社会对教师角色的期望,又强调了社会对教师道德的要求。

一、"教师是蜡烛"体现的教育理念

在特定的语境中,"蜡烛"一词往往可以引发具体的联想意义——奉献。以"蜡烛"作为教师的喻体,强调的正是教师的奉献精神。概括而言,"教师是蜡烛"传递了这样一种教学理念:学生是教学的主体,教师的"教"要服务于甚至是服从于学生的"学",为了提升教学效益和促进学生发展,教师要敢于像蜡烛一样"献身"。以下是一则有关"奉献式教师"的实例。

【案例 4-5】

照亮大山女孩的梦想

云南省丽江市华坪女子高中校长张桂梅扎根贫困地区 40 余年,默默耕耘、无私奉献,创办全国第一所全免费女子高中,帮助 1800 多名贫困山区女孩圆梦大学,用教育阻断贫困代际传递,用爱心和智慧点亮万千乡村女孩的人生梦想。

张桂梅于 1957 年 6 月出生,18 岁时来到云南支援边疆。开始时她在林业企业做行政,后因林业子弟学校缺老师,她转岗从事教学,还带出了成绩不错的毕业班。

1996 年,张桂梅调到条件相对较差的丽江华坪中心中学教书,后又调到刚组建的民族中学任教。在教学中,张桂梅发现很多贫困家庭的女孩早早辍学,这让她产生了创办免费女子高中、"改变山里三代人"的想法,并为之奔走。在丽江市和华坪县的支持下,2008 年 8 月,华坪女子高级中学建成。

办校 10 多年来,张桂梅拖着病体,忘我工作,家访超过 1600 户,行程超过 11 万千米,走到了许多大山里"汽车轮子到不了的地方"。张桂梅曾说:"如果说我有追求,那就是教育事业。"

王平是张桂梅在华坪民族中学时的学生,如今在四川攀枝花市纪委工作。利用休假,他专程来看望张老师。追忆过往,王平说:"张老师平日住在学校,对学生像妈妈一样关心。"张桂梅不仅节衣缩食帮助困难学生,还把丈夫留下的唯一一件毛背心也给了学生……

资料来源:任仲文.不负人民[M].北京:人民日报出版社,2021:125-127.

【点评】 从张桂梅的教学事迹中,我们感受到了她无私忘我的奉献精神。她将教育事业奉为毕生的追求,为了学生的未来和幸福,甘愿献出自己所有的光和热。张桂梅的姐姐曾这样感慨道:"她是把自个儿都舍出去了。"张桂梅以一生的教育实践诠释了何为"教师是蜡烛",并用实际行动证明了这一隐喻的合理性和可行性。

但是"教师是蜡烛"仍不可避免会显露比喻本身的弊端,即"抓住一点,不及其余"。归根究底,这一隐喻秉持的是片面的"以学生为中心"的教育观,它过分强调"生重于师",一味地重视学生的发展需求和合法权益,却忽视了教师自我发展、终身发展和专业成长的需要。从新课程改革的要求来看,这有悖于构建民主、平等和教学相长的新型师生关系的目标。

二、"教师是蜡烛"规定的教师职业性质

蜡烛因"燃烧自己,照亮他人"而被认为具有奉献的象征意义。"人们将教师比喻为'蜡烛',并不纯粹是对教师的道德要求,更多的是对教师职业特性的一种生动表达和对于某些具体教师形象及其在教育生活中所体现的种种人文精神和人性关怀的肯定、感激、赞美、颂扬和讴歌。"[①]与蜡烛的工作使命相似,教师也是投入自己、成就他人的一种职业,品德高尚是从事教师工作的基本要求。一方面,教师工作具有"以人格感化人格"的特点,教师必须以自身高尚的人格去影响、教育和感化学生,从而实现教学相长。另一方面,教师只有具备高尚的品德,才能真正践行爱岗敬业、教书育人、为人师表和关爱学生。

诚然,教师职业极富高尚性,但是如果一味地要求教师在教育过程中展现高尚品德,迎合学生成长的需要,忽视自身发展的需求,教师终会像蜡烛一样,耗尽生命的全部活力。在现代社会中,蜡烛早已被电灯取代。随着社会对教师发展要求的提高,可持续发展的"终身教育"也终将取代教师的"一次性教育"。我们必须转变思维:与其鼓励教师效仿蜡烛发出自己所有的光,不如支持教师成为一盏明灯,在照亮学生的同时,仍不断为自己的长久光明而蓄电。

三、"教师是蜡烛"彰显的教师职业价值

教师工作具有一定的复杂性,其职业价值也并非不言自明,将教师喻为"蜡烛"能够更为直观地显示教师职业的功能与价值。国外优秀教师莎伦·M.德雷珀曾说:"教师这一职业因给予无知的人以启迪,赋予冷漠的人以责任感,推动人类文明的进程而著名。"[②]作为知识的传播者和文明的传承者,教师不断奉献着自己的知识和青春,全力促进年轻一代的健康成长,为社会的进步和人类文明的发展提供了宝贵的精神财富。以"蜡烛"作为教师的喻体,强调的正是教师"舍己为公"的奉献精神,这种精神在为学生、社会和人类文明的发展带来效益的同时,也彰显了教师职业的社会价值。此外,在投身教育事业的过程中,教师逐步将社会的角色期待转

---

① 王卫东.教师专业发展探新[M].广州:暨南大学出版社,2007:74.
② 塞内特.世界上最伟大的职业[M].徐进,译.北京:高等教育出版社,2004:5.

化成自我成长的心理需要,并通过胜任教育工作充分发挥了自我价值。

我国教育家叶澜说过:"教师,是一种使人类和自己都变得更美好的职业,是一种使每个从事并愿尽力做好这份工作的人,不断去学习、充实和发展自身的职业;是一种不仅具有越来越重要的社会价值,而且具有内在尊严与欢乐的职业。"① 如果社会要求教师必须像蜡烛一样无私奉献,可能会阻止教师的自我成长和破坏教师的生命体验。然而,倘若"教师是蜡烛"是教师自身对教师角色的理解,则有利于其最大限度地发挥教师职业的社会价值,并在创造社会价值的过程中实现教师个人的自我价值。

四、对"教师是蜡烛"的现代性反思

(一)"教师是蜡烛"在现代教育中的流弊

长期以来,"教师是蜡烛"都是我国进行教师职业道德教育的着眼点,像蜡烛一样"奉献自己,照亮学生"也是多数教师真实的教育生活写照。从这一隐喻中,我们能够看到教师劳动的高尚性和外在的社会价值,然而教师内在的生命价值、教师劳动的创造性与教师自身的可持续发展却没有受到重视。随着社会的发展和社会公众对教师职业认识的深化,以"蜡烛"喻指教师显露出了一定的片面性。

首先,"教师是蜡烛"忽视了教师内在的价值需求。从学生的角度来看,该隐喻传递的是一种人性化的教育理念,它强调要关注学生的发展需求与合法权益。不过,从教师的立场来看,由于过分推崇奉献精神,教师的真实生存境遇和内在发展需求均被忽视,因此教师难以向专业化的方向发展。

其次,"教师是蜡烛"削弱了教师劳动的创造性。"独立地创造,正是人的生命存在的本质方式。同时,人的生命力也只有在创造活动中才能焕发,才能为社会作出富有不可替代性价值的奉献。"② 对于教师而言,像蜡烛一样奉献自己,的确能够彰显教师劳动的社会价值,但仅从社会贡献的角度去衡量教师职业价值,便是对教师自身丰富创造性的忽视。教师的工作绝不是像蜡烛一样机械地消耗自己,而是创造性地生成知识,最终实现自身成长与学生发展、社会进步和人类文化延续的统一。

最后,"教师是蜡烛"不利于教师的可持续发展。与蜡烛"燃烧自己,照亮他人"不同,教师只有不断充实、丰富与完善自我,才能更好地成就学生。要求教师像蜡烛一样耗尽自己,既阻断了教师自身的可持续发展,又抹杀了教育对象可持续发展的可能。

---

① 叶澜.论教师职业的内在尊严与欢乐[J].思想·理论·教育,2000(5):6-11.
② 时晓玲.创造,唤起教师职业的内在尊严与欢乐[N].中国教育报,2000-09-13(001).

毋庸置疑，"教师是蜡烛"所传递的奉献精神和敬业态度不仅是广大教师投身于教育事业的动力，也是当前所倡导的师德建设的核心之一，从这个意义上来说，提倡"教师是蜡烛"对师资队伍的建设和教育事业的巩固均有一定的积极意义。但是以"蜡烛"喻指教师窄化了教师职业的内涵，教师的使命是人的培育，而非单纯的知识传递。为了培养合乎时代和社会发展需要的人才，教师应持续地学习、探索与创造，不断更新与发展自身才智，而绝不能像蜡烛一样任由生命在工作中消耗殆尽。

（二）"教师是蜡烛"在现代教育中的应然转向

随着信息技术的发展，数据的规模、速度、类型和价值等都会发生巨大变化，大数据应运而生。大数据的影响无所不在，实际上，它已经渗透到了教育领域之中。在大数据时代，教师的知识储备和技能水平未必会强于学生，因而教育的现状不再是教师像"蜡烛"一样单方面传递给学生"光"和"热"，反之，学生也会用自身的"光"和"热"去影响教师。另外，随着大数据的日益深化发展，整个社会资源的数字化趋势会愈加明显，学生可以借助互联网自主获取所需信息和优质的教育资源，而不必仅通过"教师传授"这一种渠道获得信息材料。

诚然，"教师是蜡烛"在当下教育实践运用过程中存在一定的相对性和有限性，但是我们在对待这一传统隐喻时，并不能完全抛弃，而是要秉持辩证的否定观，一分为二地看待它。以下是一则相关案例，我们可以从中获得启发。

【案例4-6】

最美教师：程风

江西省鄱阳县枧田街乡黎岭小学校长程风，是外人眼中的"钢铁侠"。2011年大学毕业后，程风顺利通过全省教师招聘考试，成为鄱阳县游城乡土塘小学的一名特岗教师。"我志愿成为一名人民教师，忠诚党的教育事业，遵守教育法律法规，履行教书育人职责，引领学生健康成长……"到学校报到的第一天，程风一直默念着"人民教师誓词"。

刚办完报到手续，程风就急切地向校长周汉龙提出住校申请。尽管乡村小学条件艰苦，但程风全然不顾，她白天一心扑在课堂上，晚上专心致志地看书、备课、听网课。功夫不负有心人，到北塘小学的第一年，程风就得到学生、家长、同事的一致认可。

2015年，游城乡北塘教学点生源流失严重，教学质量全乡垫底，不仅没有校长，就连教师也"跑"光了。2015年8月26日，程风来到北塘小学任校长。说是校长，实际上全校就她一个老师，17名学生。当时的校园杂草丛生，教学楼不通水电，没有广播、打印机，也没有电风扇和厕所，连学校的门牌都没有。面对这些实际困难,家人和学生给了她莫大的勇气和支持。

为解决师资问题,程风发动自己的大学同学和在深圳教培班的朋友前来帮教。学校简陋,程风就用自己的积蓄置办起来。不通水电,程风当起了施工头,让人打井、接电线,还为学校装了电脑。为了照顾帮教老师,程风同新来的3个年轻女孩一起吃住。请不起厨师,程风就拿起锅铲,自己上阵当大厨。没有专业的音乐、体育、美术教师,程风与3位"战友"从零开始,自学音乐、体育、美术专业知识。

在家人和同学的支持下,程风信心满满地说:"他们这样无条件地支持我,即使再难我也要坚持。即使是一个孩子的学校,我也要尽可能地把它办好。"学校没有学生,程风就挨家挨户去家访,努力消除村民的疑虑;学校缺少老师,她就到处介绍学校,希望有意愿的师范毕业生能来帮教。从没有一个学生来学校报名,到有120个孩子坐进教室,学校发生了天翻地覆的变化。

对于自己热爱乡村教育,程风说她心中有一位偶像在支撑自己,这个偶像就是乡村教师支月英。支月英几十年坚守在偏远的山村讲台,从"支姐姐"到"支妈妈",再到"支奶奶"。在程风看来,支月英给她的精神力量,就是乡村教育需要薪火相传,只有薪火相传,乡村教育事业才能越来越好,乡村的孩子们才能用知识改变命运,成为建设祖国的有用之才。教师应该让自己身上的光芒照亮更多的人,她希望不仅是自己乘风破浪,而且更应该带着这些孩子乘风破浪。

资料来源:蕊红."最美教师"程风,用爱心为乡村孩子创造美好未来[J].健康生活,2022(11):7-9.

【点评】 上述案例中的程风虽身处教育资源匮乏的乡村,但她从未放弃对教育事业的坚守。为了解决师资问题,她邀请自己的好友一同帮教;为了改善教育条件,她自己率先当起了"施工头";为了丰富学校课程,她与好友从零开始,自学音乐、体育、美术等专业知识。她像一支蜡烛,为了学生的美好未来不断贡献智慧和散发光热。程风完美诠释了"教师是蜡烛"的现代内涵,并给现代教育带来了诸多启发:在教育"硬环境"持续优化的今天,教师更要不断丰富知识储备,增强自身"软实力",做永不熄灭的"蜡烛"。正如习近平总书记所说:"在信息时代做好老师,自己所知道的必须大大超过要教给学生的范围,不仅要有胜任教学的专业知识,还要有广博的通用知识和宽阔的胸怀视野。"

无可非议,"教师是蜡烛"有其合理性,而人们之所以对这一隐喻存在误读,主要是因为不熟悉作为修辞学上的一种辞格的比喻,将"本体"完全等同于"喻体"。在当前的教育实践中,我们不能将这一隐喻所带来的"标准"绝对化,而应结合现代教育的实际,辩证地理解它和灵活地运用它。

概言之,"教师是蜡烛"在当前教育实践中的境遇是传统教师隐喻和传统教育理念在现代社会发展中的一个"缩影"或代表,传统教师隐喻是中国传统教育文化发展的积淀,我们绝不能轻易地放弃,而是要根据当下教育发展的需要对其加以复兴、传承和创新,这既是弘扬我国优秀传统教育文化之需,也是当前我国教育改革之要。

第四节 教师是人类灵魂的工程师
——对教师职业价值的反思

"教师是人类灵魂的工程师"最早由苏联教育家米·依·加里宁提出,他在一次演讲中说道:"教育是什么意思呢?这就是影响学生们的心理和道德面貌,要在整整十年的学习期间内从一定方向上影响学生,也就是说,要把学生造就成人……很多教师常常忘记他们应当是教育家,而教育家也就是人类心灵的工程师。"[①] 20世纪50年代,随着我国对苏联教育模式的效仿,这一观念也被我国教育界所引进,并一直沿用至今。

一、"教师是人类灵魂的工程师"体现的教育理念

"教师是人类灵魂的工程师"是一种常见的教师角色隐喻,它肯定了教师工作的高尚性,并指出教师的职责不仅在于向学生传递科学文化基础知识和基本技能,更在于塑造学生的灵魂。以下是一则经典的教育故事,我们可以从中体会何为"人类灵魂的工程师"。

【案例4-7】

四块糖的故事

陶行知先生在育才学校当校长时,曾经发生过这样一件事情:一天,陶行知在校园里看到学生王友用泥巴砸自己班上的男同学,陶行知立即制止了他,并让他放学后到校长室去。

放学后,王友早早地来到校长室门口准备挨训。这时,陶行知走过来了。他一看到王友,就掏出一块糖果递给他,说:"这是奖给你的,因为你按时来了,而我却迟到了。"王友惊愕地接过糖果,目不转睛地看着陶行知。这时,陶行知又掏出一块糖果递给王友。说:"这块糖果也是奖给你的。因为当我让你不再打人的时候,你立即就住手了,这说明你很尊重我,我应该奖励你。"王友更惊愕了,他不知道校长到底想干什么。

---

① 加里宁.论共产主义教育和教学[M].陈昌浩,沈颖,译.北京:人民教育出版社,1981:164-165.

这时，陶行知又掏出一块糖果放到王友的手里说："我已经调查过了，你用泥块砸那些男生，是因为他们不守游戏规则，欺负女生。你砸他们证明你很正直善良，并且有跟坏人做斗争的勇气，应该奖励。"王友听了非常感动，他失声叫了起来："校长，你打我吧，我砸的不是坏人，而是自己的同学呀！"陶行知满意地笑了，又掏出一块糖果递给王友，说："你能正确地认识错误，这块糖果值得奖励给你。现在我已经没有糖果了，你也可以回去了。"

陶行知的这四块糖被称作滋养学生心灵的"精神糖果"，成为激励学生自省、自律、自强的精神力量。

【点评】 从四块糖的故事中，我们可以感受到陶行知的教育智慧，他以保护学生的自尊心为前提，不断唤醒着学生的灵魂。陶行知真正做到了以心育心、以个性影响个性、以精神塑造精神。他以自身的教育行为向我们证实了：教师不仅有"教书"的职能，更重要的是具有"育人"的潜能。

一贯以来，教师的职责都被公认是"教书育人"，即教师应该在向学生传递科学文化知识的同时，帮助学生形成良好的道德观念，树立正确的世界观、人生观和价值观。然而"教师是人类灵魂的工程师"更为强调教师对学生"灵魂"的塑造作用，因"灵魂"是学生的本质所在，故这一隐喻认为教师就是学生本质形成的关键。

二、"教师是人类灵魂的工程师"规定的教师职业性质

教师职业是一种专门的职业，教师是促进个体社会化的专业人员。通常而言，引导学生掌握科学文化基础知识和基本技能是教师的首要职责，然而"教师是人类灵魂的工程师"所秉承的理念却有所不同。这一隐喻认为：教师是学生灵魂的塑造者，相较于向学生传递科学文化知识而言，教师更重要的职责是促进学生的道德发展，具体包括丰富学生的心灵，提升学生的思想道德素质和帮助学生树立正确的世界观、人生观和价值观等。

该观点固然没有否定教师的"育人"职责，但仍存在一定的片面性。一方面，它忽视了传授知识是培养学生品德的前提。知识传授和思想品德教育贯穿于学校教育的全过程，二者相互渗透，共同影响着受教育者的身心发展。人的思想道德修养需要通过知识来培养，知识教育是学校教育的基本职能和主要特征，学生德、智、体、美等素质的形成均要从知识教育着手。另一方面，它弱化了学生在思想品德教育中的主体性。学生品德的提升和心灵的成长都遵循着学生自身发展的规律，教师是学生发展的外在指导者和引路人，无法成为塑造学生灵魂的主体。教育的本质是唤醒灵魂，而非塑造灵魂，从这一角度来看，"教师是人类灵魂的工程师"过分夸大了教师之于学生灵魂的作用。

三、"教师是人类灵魂的工程师"彰显的教师职业价值

社会文明的进步程度不仅取决于社会主流文化的科学程度,更依赖于公众思想品德与社会道德风貌的提升程度。以"人类灵魂的工程师"作为教师的喻体,肯定了教师在向学生传授知识、发展学生智力的同时,还将人类社会发展进程中所形成的道德观念、行为准则传授给了年轻一代,并通过教育实践帮助学生养成了良好的行为习惯。这既为学生的全面发展提供了支持与保证,又为社会文明的进步、社会道德水准的提高和良好社会风气的形成创造了基础性条件。从这个意义上来说,"教师是人类灵魂的工程师"揭示了教师工作的巨大社会价值。

习近平总书记在全国教育大会上发表重要讲话指出:"教师是人类灵魂的工程师,是人类文明的传承者,承载着传播知识、传播思想、传播真理,塑造灵魂、塑造生命、塑造新人的时代重任。"从古至今,中华民族文化基因的延续、文明薪火的传递和价值观念的传播,教师这个职业,可谓是居功至伟。无论时代如何变迁,都会有一代又一代的优秀教师坚定投身于教育这项伟大工程,不断彰显教师职业的独特价值。

四、对"教师是人类灵魂的工程师"的现代性反思

(一)"教师是人类灵魂的工程师"在现代教育中的流弊

英国哲学家弗兰西斯·培根曾说:"教师是知识种子的传播者,文明之树的培育者,人类灵魂的设计者。""教师是人类灵魂的工程师"承载着社会公众对教师这一职业的崇高赞誉。但是,这一隐喻过分强调教师对学生灵魂的塑造作用,不免会使教师在教育实践过程中陷入困境。将教师喻为"人类灵魂的工程师"意味着教师的最大职责在于塑造学生的灵魂,为达这一教育目的,教师会优先考虑从技术上完善教学并建立严格的课堂教学管理制度。如此便易产生两个方面的教育问题:一是造成教育中缺乏身体性的维度,学生的身体活动会遭到漠视和压制;二是造成教育中灵魂的异化,使得灵魂逐渐单一化、工具化,最终教师对学生灵魂的培养会异化为对知识的灌输。[1]

诚然,学生的灵魂具有可塑性,教师作为履行教书育人职责的专业人员,应当承担起关怀学生灵魂的责任。不过归根究底,学生是鲜活的生命体,其既有义务,也有能力去塑造自身的灵魂。作为学生发展的促进者,教师在这一过程中应履行

---

[1] 张静静.解读"教师作为人类灵魂工程师":对传统教师隐喻的审视与反思[J].全球教育展望,2014,43(10):64-70.

的职责是与学生灵魂进行对话,并给予学生一定的理解和引导,而非代替学生完成灵魂的塑造。

(二)"教师是人类灵魂的工程师"在现代教育中的应然转向

自新中国成立以来,我国便将社会主义事业的建设与发展寄希望于广大教师队伍,并将教师尊称为"人类灵魂的工程师",以期教师能够明职履责,培养出更多优秀的社会主义事业建设者和接班人。虽然"教师是人类灵魂的工程师"过分夸大了教师对学生灵魂的教化作用,但其对现代教育依然具有重要的启发意义。

一方面,该隐喻肯定了教学设计的重要性。"教师是人类灵魂的工程师"强调教师应如工程师般具有规划性的、设计性的工程技术思维。鉴于学校教育对人有着全面且深刻的影响,教师必须制定科学合理的教学设计,以避免学生重复前人的错误认识,帮助学生准确高效地掌握科学文化知识。从这一角度来看,肯定教师"工程师"的身份,便是在重申教师在规划与设计教学方面所承担的重要责任。

另一方面,该隐喻平衡了教学与教化之间的关系。加里宁在推崇"教师是人类灵魂的工程师"时指出:教师有着教书与育人双重职责,教师不仅要传授科学文化知识,还应当注重培养学生的品德[1],这是在肯定教师兼具教学与教化的职能。实际上,教学与教化相互渗透,共同助力学生的全面发展。通过教师有目的有计划有组织地教学,学生能够掌握系统的科学文化知识和基本技能,从而获得理性的成长。通过在教学过程中渗透对人的教化,学生得以提升自身道德情操和养成社会良好风尚,进而形成精神的转变。从根本上说,"教师是人类灵魂的工程师"一经提出,就肯定了教师要兼顾对学生知识的传递和心灵的教化。以下是一则相关案例,我们可以从中进一步了解"教师是人类灵魂的工程师"在现代教育中的应有之义。

【案例 4-8】

教育就是要增强人的精神力量

于漪是上海市杨浦高级中学名誉校长,曾任全国语言学会理事、全国中学语文教学研究会副会长,长期躬耕于中学语文教学事业,坚持教文育人,主张教育思想和教学实践同步创新,为推动全国基础教育改革发展作出突出贡献。

"教书"是为了什么? 20 世纪 80 年代初,不少人认为"教书"是具体任务,"育人"则很抽象,是班主任的事。于漪便大声疾呼:"育人"是大目标,"教书"要为"育人"服务。任何学科教学都应有教育性,有教育性的教学,就赋予知识、能力以灵魂、以意义,能促进学生的发展。

---

[1] 邱玥."教师是人类灵魂的工程师"吗?:试析这一命题的合理性与可能误区[J].当代继续教育,2013,31(3):64-66.

育人是要"育"什么？对此，于漪较早提出了"全面育人观"：全面发展是实施素质教育最本质的反映。社会文明程度越高，越需要全面发展的人。人的生命体本身也蕴含着全面发展的潜能，教育的任务就是把学生的潜能变成发展的现实。德性与智性是生命之魂。德、智、体、美、劳各育应有机融合。

教育的根本目的是什么？针对教育功利化倾向，于漪说，古今中外研究教育的大家都认为教育的本质是完善人的精神世界。现代教育不能忘记教育最终为人的精神生活服务。知识和能力是获取精神力量的阶梯，不是精神力量的全部。学生求学读书是为明做人之理，明报效国家之理。如果教出来的学生只知以个人为中心，以追名逐利、享乐为目的，缺少服务国家、服务人民的社会责任感，那是教育的失败，有辱历史赋予的重要使命。

在因材施教上，于漪有一句名言：知心才能教心。学生处在变化发展中，要不断研究学生成长中的三个世界：生活世界、知识世界、心灵世界。三个世界要和谐发展。不仅要把握学生年龄段的特点，更要把握时代、社会、家庭因素在他们身上的影响与反映。教育要努力发现每个学生心中那根"独特的琴弦"，在沟通理解上多下工夫。于漪的教育学就是这样，既唱"神曲"，又唱"人歌"，所以能服人。

于漪在长期的教师、校长和培养青年教师的工作生涯中积累了教师职业发展方面的理论和实践的财富，形成了一部活生生的"教师学"。"没有教师，人就不能成才；没有教育，社会就会一片黑暗。"她进一步指出，教师的崇高职责就是在学生心灵深处滴灌生命之魂。

资料来源：教育部教师工作司.人民教育家先进事迹：于漪[R/OL].(2021-05-11).http://www.moe.gov.cn/jyb_xwfb/moe_2082/2021/2021_zl37/shideshiji/202105/t20210511_530839.html.

【点评】 诚如于漪所说："教师的崇高职责就是在学生心灵深处滴灌生命之魂。"[①]教师肩负着教化学生的责任，而能否胜任这一职责主要取决于教师是否能在师生关系中做到"知心"和"得心"。只有做到"知心"，教师才能真正深入学生内心，开辟"在学生心灵深处滴灌生命之魂"的门径。只有做到"得心"，教师才会成为学生眼中可敬和高尚的人，从而让学生在教学中主动敞开自我，并在自身的帮助下不断完善精神世界。

归根究底，教师是学生塑造自身灵魂的对话者与指导者，其职责在于为学生提供价值导向，不断与学生共建生命期待，以唤醒学生的灵魂，而绝非代替学生，成为塑造学生灵魂的主体。因此，与其以"人类灵魂的工程师"作为教师的喻体，不如说教师是人类灵魂的"导师"。

---

① 教育部教师工作司.人民教育家先进事迹：于漪[R/OL].(2021-05-11).http://www.moe.gov.cn/jyb_xwfb/moe_2082/2021/2021_zl37/shideshiji/202105/t20210511_530839.html.

【拓展阅读】

要给学生一杯水,教师应有一桶水

记得刚参加工作的时候,我总是不停地抱怨上课时学生不守纪律,爱说话,课堂纪律差,我甚至一度把责任推卸给班主任,认为班主任老师的班级管理水平差,从来不从自己身上找原因。

在工作的最初几年里,我不断走进课堂听老教师讲课,反复阅读、熟悉教材,做大量的习题,反复修改教案,做好课后反思。随着时间的推移,自己的教学基本功得到了明显提升,随着教学水平的提高,渐渐地,我发现我的课堂上已经没有随意讲话、不遵守课堂纪律的学生了,不知什么时候开始课堂变得很安静了。

看来教师只有不断学习提升教学基本功,才能让自己的课堂变得更加精彩,更加有吸引力。幽默、独特的各种语言,折射出我对教师这一职业的热爱,对学生的爱护。拼搏进取的敬业精神和终身学习之意识深深地吸引着学生。工作中我在用实际行动诠释着"学而不厌,诲人不倦"。因为广泛爱好,让我拥有了多种与学生交流沟通的语言。

30年的教学经历使我懂得"要给学生一杯水,教师应有一桶水",没有丰富的知识和扎实的基本功,你的教学就难以让学生信服。

资料来源:高小军,郝全山,王萍.守望:银川二中学校发展共同体教师"教育故事"选集(上)[M].银川:宁夏人民出版社,2019:221.

本 章 小 结

荀子曾言:"国将兴,必贵师而重傅。"习近平总书记也指出:"一个民族源源不断涌现出一批又一批好老师则是民族的希望。"党的十八大以来,我国为加强教师队伍建设,先后出台了一系列政策措施。2019年2月颁布的《中国教育现代化2035》更是将"建设高素质专业化创新型教师队伍"确定为教育现代化的十大战略任务之一。当前,面对教育高质量发展的新形势、新任务和新要求,创新型教师队伍建设仍须进一步加强。为了避免让"统一的标准"扼杀教师的创造性,我们在肯定教师是"警察""园丁""蜡烛"和"灵魂工程师"等传统教师角色隐喻之合理性的同时,也要走出对教师角色的单一传统认识的误区,加强对教师职业内涵的舆论导向,将教师职业的权威性、奉献性、高尚性、神圣性与现行教育政策及教育"双主体"的内在需求和合法权益等相结合,不断对传统教师角色隐喻进行现代诠释,赋予其新的内涵,使之能够适应新时代对教师新形象的呼唤。

思考题

(1) 分析本章四个隐喻所体现的教师观、学生观和教育观。

(2) 简述本章四个隐喻出现的时代背景及教师队伍建设情况。

(3) 论述本章四个隐喻在现代教育中的合理性和局限性。

(4) 根据当前教师职业发展现状作出一个现代教师隐喻,并说明理由。

(5) 结合拓展阅读部分的内容,从教师隐喻的角度对"教师是一桶水"作出分析与评论。

第五章　中国式教育现代化背景下教师专业发展

【学习目标】
(1) 了解教师专业发展的四种取向。
(2) 理解教师专业发展的理论及各阶段任务。
(3) 掌握教师专业发展的影响因素、现实困境及提升路径。

习近平总书记在党的二十大报告中明确指出："从现在起,中国共产党的中心任务就是团结带领全国各族人民全面建成社会主义现代化强国、实现第二个百年奋斗目标,以中国式现代化全面推进中华民族伟大复兴"。[①]中国式教育现代化的核心是人的现代化,因此教师的现代化是中国式教育现代化的基础,也是实现中国式教育现代化的必然要求。[②]

在中国式教育现代化背景下,教师专业发展处于不断的变革之中,从教师发展理念、发展取向进行了转变,因此本章试图从厘清教师专业发展的取向出发,结合案例探究中国式教育现代化背景下教师专业发展的取向、阶段和影响教师专业发展因素等方面的内容,为教师个体、教师教育机构以及各级各类学校的教师培养,提供思想理论和实践经验的指导,促进教师专业发展与中国式教育现代化更好地接轨,构建适合教师专业发展的具体路径。

第一节　教师专业发展的多元取向

教师专业发展,是教师教育领域的一项新时代命题。近年来,由世界最权威的教育研究团体全美教育研究会出版的《教育研究评论》每期都以一定的篇幅讨论教师专业的发展,英国2002年出版的《世界教育年鉴》提出"教师教育:困境与前景",

---

① 本书编写组.党的二十大报告学习辅导百问[M].北京:党建读物出版社,2022:29.
② 陈文友.教育现代化背景下教师专业发展的内在意蕴[J].教育理论与实践,2020(14):38-40.

教师专业发展正在代替课程改革,发展成为国际教育改革的中心议题。①联合国教科文等组织也曾联合提出一个口号:复兴始于教师。教师的讲台决定了学生的舞台,探寻教师专业发展的取向作为逻辑起点,这既是对教师专业发展的价值理性思考的结果,也是对教师专业发展的现实境遇进行反思与探究的结果。

自20世纪80年代以来,教师的专业发展的价值取向,经历了从注重工具性的"知识本位"发展取向到注重主体性的"素质本位"发展取向,到注重"实践-反思"的发展取向,到注重生态型的"人境互动"发展取向,再到注重"职前职后一体"的终身学习发展理念的转变。这四种取向的出现也反映了教师专业发展由实体思维向建构主义思维的转变。

一、理智-技术取向——教师专业发展的基底

理智-技术取向与教师专业发展是相伴而生的。1986年,霍姆斯小组和卡内基教学专业专项小组发表的《准备就绪的国家:21世纪的教师》报告,着重讨论了教师专业和教师教育问题,明确指出:欲确保教育的质量,必须提高教师的专业水准。霍姆斯小组的报告更进一步指出:提高教师专业水准的重点所在,乃是明确教师专业的知识基础,"使教师的教育拥有更为坚实的理智技术基础"。②

这种取向的教师专业发展,不管是职前的还是在职的,都需要经过专业的正规培训,重点是向专家学习教师专业知识的基础,他们认为教师要进行有效教学,一是拥有"内容知识,即学科知识;二是拥有帮助学生获得知识的知识与技能,即教育知识。如案例5-1所示,教师的专业知识能力需要对文本进行审查,善于提问,引导学生区分价值类信息与事实类信息,教会学生逻辑推理能力,等等。

【案例5-1】

中学语文课堂的批判性思维培养

在整本书阅读教学中,教师的任务是什么?概括地说,借助专业的课程知识与教学技能,为学生的阅读与思考提供必要的空间与资源。具体地说,为学生的思考提供方向、动力与路径,这其实就是思维的三要素。

首先,是确立思考的方向与目标,这就是文本的核心价值。文本的价值是多元的,但对于学生而言,它的价值应该是具体的,这就是它在立德树人、培育核心素养、训练读写能力等方面的具体价值。核心价值的确立,不仅要问"文本有什么",还要问"学生要什么",让学生走进文本,汲取学习与成长的资源,也让文本走进学

---

① 刘淑敏.教师专业发展的取向路径[J].教育教学论坛,2012(37):106-107.
② 教育部师范教育司.教师专业化的理论与实践[M].北京:人民教育出版社,2003:27-28.

生,实现文化的理解与传承。核心价值的确立,不仅取决于教师的文本解读能力,还取决于教师的教育理念与价值追求。

譬如《三国演义》,我将其价值定位在"功名与道义"的思考上。小说人物众多,帝王将相、贩夫走卒、樵夫野佬,每个人性格各异,行迹有别,但体察他们的人生起落与生命,无不体现了"功名与道义"的冲突。"主公"们梦想登上龙位,"文武"们想出将入相,相将们择主而从,家奴们朝三暮四,展现了一幅追名逐利、攀龙附凤的社会图景。小说对"功名"总体上持开明态度,并不因追名逐利就予以否定;小说的褒贬主要取决于人物的言行,这就有了另一个评价维度,那就是"道义"。功名与道义的冲突,始终贯穿在人物的行为之中;而历史人物的正邪两分,也取决于他们对道义的态度。

其次,是提供思考的动力,这就是问题的开发与设计。杜威说,当人们遇到"岔道口"可能误入歧途的时候,思维就会主动地进入理性的反思状态,因为错误的判断会让自己南辕北辙。岔道口,即阅读中的疑虑、苦闷、游移、彷徨、停滞……就是需要思维主动介入澄清与判断的"问题"。《三国演义》有太多需要辨析与澄清的问题。譬如,民间尚有"宁要真小人,不要伪君子"的说法,那么,如何理解曹操的率真与刘备的虚伪呢? 解决这个问题,靠感觉、印象、想象和猜测是不够的,必须借助分析论证、辨析反思等高阶思维,才能抵达真相与真理。追求真相几乎是人的本能。有了真问题,思考与探索就有了源源不断的动力。

最后,为学生的思考提供可靠的路径与方法。我引导学生梳理曹、刘二人的政治轨迹,辨析二人的行为动机,比较二人的社会评价,在全面、综合分析的基础上,达成对曹操、刘备的理解。在这个过程中,始终渗透着阅读与写作活动,阅读、写作与思辨三位一体,这就是"思辨读写"。

资料来源:余党绪.在思辨读写中走向理性与清明[N].中国教育报,2021-03-31(9).

【点评】 在中国式教育现代化背景下教师的专业知识与能力更为突出,如前案例所述,如果我们的教师不能在信息洪流中教会学生辨伪存真,不能在多元文化冲击下教会学生澄清价值,不能在纷乱喧闹中教会学生追寻人生的意义,那么教师职业的不可替代性就大大降低。而分辨信息、澄清价值、追寻意义的前提是,教师自身要具备一定的专业知识与技能,如批判性思维,尤其在数智时代,这类能力愈发显得珍贵,培育这类能力也就愈发显得迫切,作为传道授业解惑的教师,教会学生思考的方式远胜于教会其固定的内容。[①]

---

① 沈伟.智能时代的教师[M].北京:教育科学出版社,2021:96-97.

二、实践-反思取向——教师专业发展的动力

实践-反思取向是反对理智-技术取向的观点。这种观点源于舍恩教授的"反思性实践"理论,该理论基于时代背景,即"技术理性常常忽视实践活动的具体性、情境性,过分强调技术的价值,造成了对技术的过分信任,并最终导致技术与实践之间的分离与脱节"。该观点认为,教师的专业发展目标并非仅仅在于获取外在的技术性知识,而是在于深入反思自己以及专业活动,发现其中的意义。最早提出"反思"这一概念的是杜威。

杜威曾指出,人的思维中充满着惯习(habits),且不可避免地受到惯习的影响,而惯习则是人们与世界接触时的思维工具、工作能力(working capacities),以及"如何行动的知识(know-how)"。所以为了学生更好地学,教师均须学会实践并反思,若能将这种反思放置于教师共同体中,则更有助于教师专业的发展,乃至社会的进步。杜威在其晚期作品中,归纳了这一主张:

> 最高级、最困难的探究和一种微妙的、精致的、生动的、机智的交流艺术,必须拥有传递和循环的实体组织结构,并为它注入活力。当机器时代完善了它的组织结构的时候,探究将变成一种生活方式,而不是一个暴政的主人。民主自然而然就会到来,因为民主是自由的、能够充分交流的生活的一个名字。

实践-反思取向的教师专业发展主要通过诸如写日志(journal keeping)、传记(biography)、构想(picturing)、文献分析(document analysis)等方式单独进行反思,或通过讲故事(story telling)、信件交流(letter writing)、教师晤谈(teacher interviews)、参与观察(participant observation)等方式与人合作进行反思;或以"合作的自传"(collaborative autobiography)的方式,即由一组教师一起围绕目前工作的背景、当前正使用的课程、所奉行的教育理论、过去的个人和专业生活等主题写出自我描述性的文字,然后进行批判性的评论,通过这些方式,加强教师对其自身实践的认识,并在此基础上提升教育实践。[①]随着中国教育现代化的推进和信息技术的日益变革,教师实践-反思的载体和路径变得更加多样化。他们既可以利用人工智能提供的数据进行系统总结性的反思,也可以通过在线模拟和虚拟实践共同体尝试自我反思的结果。这些新的工具和平台为教师提供了更广阔的空间,帮助他们更全面地认识和改进自己的教学实践。

中国式教育现代化背景下,实践与反思将成为教师的专业发展的一种重要方式,有质量的实践会突破惯习的影响,与反思结合一起,改变教师习以为常的做法,克服教师之间简单的经验共享,提升教师的专业性。

---

① 教育部师范教育司.教师专业化的理论与实践[M].北京:人民教育出版社,2003:28-29.

三、生态取向——教师专业发展的变迁

生态取向的教师专业发展兴起于 20 世纪 90 年代,它是教师在不断地与其生长的社群进行信息传递、技能交流、智慧碰撞和文化构建的过程中产生的,在这一过程中,教师的教育思想得到提升,教学能力得到发展,职业认同感得到加强,教师之间形成一种开放、互信的合作文化氛围。[①]在生态取向的教师专业发展中,重要的是以合作的方式构建教师的新发展环境,并借助教学文化或教师文化的力量来塑造教师的行为。同时,它还为各层次的教师提供了理论支持和身份认同的支持,以促进其个体发展和整体成长。

以往研究的取向较多集中在前两种取向,但近年来随着"生态观"在培训研究领域的逐渐增强和渗透,关注教师专业发展的社群、合作、共同愿景的文化开始逐步成为教师专业发展研究领域的中心,并成为关注的热点,常用的培训术语也不再集中于"知识""技能""实践"或"反思"而是向"共同体""背景""文化""合作"等概念变迁,取向开始从整体、全局的角度看待学校变革与教师专业发展联系,从更高的层面、更宽广的范围为教师提供一种较为理想的专业发展生态环境。[②]阅读案例 5-2,并试图分析教师专业发展生态取向中教师合作的必要性。

【案例 5-2】

生态取向视阈下基于校本的教师专业发展途径

生态取向视阈下基于校本的教师专业发展途径通常有:校本课程开发、校本教研、跨学科交流和新媒体互动。公开课是最常见、最普遍开展的校本教研活动之一。课堂公开化既是一种与教学相联系的教研制度,更是一种生态化的教师发展模式,是教师间通过合作实现教育教学能力整体提高的具体体现。它使教师的教学活动走向了群体活动,使教学行为从孤独走向了合作,使教学过程从闭合走向了开放。

1. "同课再构"式公开课模式及特点

"同课再构"式公开课为"同一内容+同一教师+连续改进"的一种课例研究方式(图 5-1)。具体做法为:初任教师在不同的班级执教同一教学内容,基于充分的研讨,进行连续两次或多次的教学改进,直至达到满意的教学效果。

"同课再构"与"同课异构"相比,相同点是将同一个教学课例作为研究载体,为了共同的目标,研究课堂教学中的实际问题。教师们合作互动,共同备课,共同研

---

① 朱伟,王跃平.生态取向的教师专业发展的四种路径[J].教育理论与实践,2012,32(20):24-27.
② 刘淑敏.教师专业发展的取向路径[J].教育教学论坛,2012(37):106-107.

讨教材、教法,共同对学生、重难点深入探究。两种模式既展现和提升初任教师个人专业能力与思想,又通过倾听、对话和共享,达到教师整体水平提高的效果。不同的是"同课再构"通过反复地说课、备课、观课、评课,不仅重视发现课堂教学中存在的问题,更注重提出解决问题的策略,然后通过"跟进式"的二次研讨,甚至可能是三次、四次研讨,将初任教师对课堂教学问题的反思有效地落在实处。在不断反复的课堂设计、课堂展示、集体观察、评课议课、课堂重建、再次反馈中,初任教师的专业知识和专业能力都获得提高。

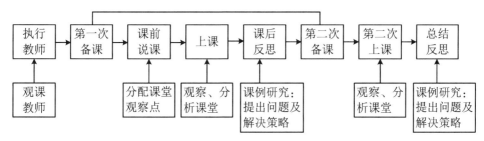

图 5-1 "同课再构"公开课基本模式

2. "同课再构"式公开课评课议课要注意的问题

"同课再构"式公开课模式中,评课议课是一个非常重要的环节。通过不断反复的评课议课,初任教师在倾听与对话中对教学内容的理解得到加深,对学科思想和学科核心素养的认识得到深化。多次且递进式深入的评课议课,使他们获得了多元的教育智慧,经历并享受着常态公开课无法比拟的专业体验,职业归属感和职业成就感得以增强。

初任教师在自我效能、教学组织监控能力、教学行为和管理等三个方面和成熟教师相比有明显的不足和缺陷。在这一阶段,他们的工作自信心明显不足,极易受到外界环境氛围的影响,也极易受到打击。因而,在评课议课时要特别注意以下几点:一是重在课堂教学问题的诊断和研究,而不是课堂效果优劣的区分评价;二是重在初任教师教学行为的改进与优化,而不是习以为常的坐而论道;三是重在教师之间的倾听与回应,而不是见仁见智的各执一词;四是重在学习活动主体(学生)的活动质量,而不是教师群体的活动专场。

虽然初任教师专业发展的渠道具有多样性,且教师个人是教师专业发展的主体,但生态取向的教师专业发展归根到底就是要以合作的方式促进教师个体和群体的成长,教师需要在学校情境中不断获得自我发展、自我成长的机会。所以学校应提供努力构建合作的教师文化,推进教师的自主发展、合作发展和高效发展。

资料来源:路跃."同课再构"式公开课:生态取向视阈下初任教师专业发展的有效途径[J].中国教育学刊,2017(S2):86-88.

【点评】 本篇案例是以初任教师为研究对象,通过采用"同课再构"公开课形式探寻初任教师的专业成长之路。初任教师在这一关键阶段所经历的磨课经验将对其整个职业生涯产生深远影响。生态变革取向的教师发展通过提供开放包容的学习环境,旨在构建合作共赢的教师文化,进而形成初任教师群体专业发展的循环互动与互利共生的生态圈。

四、终身学习取向——教师发展理念的转变

在信息技术高速发展的今天,不学习意味着落后,终身学习、勤于学习成为现代教师必须具备的品质,教师的专业知识、专业技能不是通过一次考试就能终生受用的。结合终身学习的特征,可归纳为时间上的连续性和终身性、学习上的平等性和开放性、学习内容上的广泛性和个性化、学习过程中的主体性和人本化四个方面。①顾明远教授也指出的,教师教育正从一次性终结式的教育向终身学习和专业发展转变;从职前职后培训相分离向培养培训一体化转变。②

当代社会的急剧变迁对教师的要求更高,教师需要成为一名终身学习者,以促进自身专业的不断发展。未来的学习将不再以课本知识为主,而是注重自主选择和与经验相关的学习。未来的学习环境也将发生巨大变化,学校不再局限于传统的固定场域,而是融合了虚拟学校和现实学校的特点,无边界学习也应运而生。案例5-3介绍了终身学习取向在教学中的应用,请阅读案例,并思考相较于传统的学习方式,无边界学习对于教师终身学习的优势。

【案例5-3】

终身学习视域下的中小学教师无边界学习

无边界学习重在打破传统学习的各种边界,实现个体学习的自由,因此无边界学习是一种打破学习界限、突破学科障碍的,学习者自身主导的创新性学习活动。

1. 创设无边界学习环境,建立无边界学习平台

21世纪是互联网时代,以智能科技为支撑的大数据网络为创设无边界学习环境奠定了基础。为突破教师的学习障碍,需建立以信息技术为基础的"互联网+"在线学习平台,创设教师无边界学习环境。通过创设无边界学习环境,教师能够实现实体学习场所与虚拟学习空间以及线上与线下的同步学习。在学校,教师以电脑、多媒体教室为技术媒介,在线登录无边界学习平台,随时随地加入无边界学习的大讨论之中。

---

① 李存生.乡村教师专业发展引论[M].北京:人民出版社,2018:154.
② 李琼,袁丽.变革中的国际教师教育及其发展趋势:国际教师教育研讨会综述[J].比较教育研究,2006(11):90-92.

2. 打破学习资源壁垒,提倡泛在学习

教师的无边界学习秉承了终身学习的理念,认为要突破学校的壁垒,将学习场所扩展到学校以外的各个社会场所中去。另一方面,除打破教室这一学习空间外,可以进一步延伸学习空间,利用互联网进行泛在学习,将实体空间与虚拟空间相连接。在教育教学活动中,教师可以根据发展需求,在物理教育空间、虚拟教育空间、数字孪生空间中找到发展的契合点,促成多维教育空间在教育活动中的同时在场,实现空间优势互补与功能覆盖,并开放空间出入口,教师可以灵活自由地出入其中。在线上,以往由于空间距离造成的障碍将不复存在,教师可以自由地获取海量的信息与资源,跨市、跨省甚至跨国学习都不是问题,如在慕课平台上,中国教师就可以足不出户在线学习国外知名大学的公开课。

3. 挣脱学习时间的束缚,倡导全民终身学习的理念

在经济全球化迅速发展的大背景下,各地学校应积极倡导全民终身学习理念,鼓励教师挣脱学习时间的束缚,利用空闲时间主动参与到全民终身学习的浪潮中来,实现学习时间的无边界。学习时间是教师学习的前提与基本保障,许多教师抱怨自己用于学习的时间不够,主要是由于缺乏合理的时间规划,目前,教师的学习主要依靠外驱式专业培训,此类培训时间固定,占用了教师不少时间。无边界学习形式灵活且多样,教师可以根据自身需要与目标,合理安排学习时间,进而提高学习效率。

4. 突破学习方法的单一性,促进理论与实践相联系

无边界学习帮助教师引进多样化的学习方式,例如,教师在学习过程中可以运用合作交流、小组讨论的形式,与其他优秀教师、专家交流学习心得与教学体会,吸取他人丰富的教学经验。在围绕一个主题进行学习时,可以暂时抛弃以往"单打独斗"的学习方式,代之以"头脑风暴"的学习方法,集思广益,在短时间内形成对问题较为深入的理解。此外,非正式学习也可以作为学习方式的补充,教师在闲暇之余可以阅读书籍,在上下班途中与同事交流,在用餐时观看教学视频,这些非正式的学习方式也会使教师产生无意识的学习行为,促进其专业技能提升。

5. 建立终身学习评价体系,保证教师的学习效果

教师在专业发展过程中需要不断学习,其学习效果好坏直接影响教师学习动力的可持续性。终身学习评价体系的建立能够多方面、多层次对教师综合素质、教学水平、道德情操、核心素养等方面进行科学、客观的评价,为教师无边界学习效果提供了重要保障,助力于教师专业发展。终身学习评价体系根据学习者在无边界学习环境下的学习结果、学习过程、学习水平以及在学习过程中表现出来的情感、态度等对其进行综合评价,并及时地为教学活动提供反馈信息。

资料来源:曾浩.终身学习视域下的中小学教师无边界学习[J].河北大学成人教育学院学报,2021,23(3):12-18.

【点评】 从上述案例中可以看出,与传统的学习方式相比,无边界学习为教师

提供了自由的学习空间。教师们可以更方便地获取知识,这有利于培养教师的批判性思维和发挥教学的创造性。尤其在数智时代,信息技术的变革促使教师们进入终身学习的时代,"活到老,学到老",每一个人都有终身学习的紧迫性和必要性。无边界学习将成为教师终身学习的重要方式,因为它具有自由和便捷的特点,可以大大提高教师的学习效率,从而引领教师的专业发展。

第二节 教师专业发展的多重阶段

教师的专业成熟无疑是一个长期的发展过程,需要经历一系列的发展阶段。本节从解读教师专业发展阶段的内涵开始,尝试梳理和分析新时期背景下教师专业发展研究过程中出现的异彩纷呈理论范式,结合案例探析教师专业发展的阶段任务,为教师的专业发展提供参考。

一、教师专业发展阶段的含义

教师专业发展阶段是指教师的职业素质、能力、成就、职位、事业等随时间而变化的过程,以及相应的心理体验与心理发展历程。

教师的职业生涯发展阶段包含两个维度:一是时间维度,是指教师首次参加工作开始的一生中所有的工作活动与工作经历按时间顺序组成的整个过程;二是领域维度,包括职业理想、知识水平、教育观念、教学监控能力、教学行为与策略,以及对教学的心理感受等。[①]

二、教师专业发展阶段的理论

教师专业发展的长期性和持续性,决定了其发展的阶段性。国内外学者对教师专业发展的阶段划分进行了深入细致的研究,形成了不同的理论学说。了解和把握这些理论学说,并把它创造性地转化于教师专业发展实践过程之中,才能更好地促进教师的专业发展。

---

① 刘乐乐,牛立蕊.核心素养视域下的高校教师专业发展路径[M].长春:吉林大学出版社,2018:117-118.

(一) 国外有关教师专业发展阶段论

20世纪60年代末,美国学者富勒(F. Fuller)编制的"教师关注问卷",以教师关注事物在其成长过程中的变化为研究对象,在问卷调查的基础上提出教师专业成长四阶段模式,揭开了教师发展阶段理论研究的序幕。第一阶段,任教前关注。这是师资养成时期,师范生仍然是学生,对教师角色只是想象,没有教学经验,只关注自己。第二阶段,早期求生存时期。师范生初次接触教学工作,主要关注的是自我胜任能力和自己作为教师的生存问题,关注对课堂的控制、是否被学生喜欢和他人对自己教学的评价。第三阶段,关注教学情境。教师关心的是在教学情境下,如何完成教学任务,如何掌握相应的教学技能。第四阶段,关注学生。教师开始将学生视为关注的核心,关注学生的学习、社会和情感需要以及如何通过教学更好地影响他们的成绩和表现。[①]

此后,大量研究成果相继涌现。教师职业生命周期阶段论是以人的生命自然的衰老过程与周期来看待教师的职业发展过程与周期,其阶段的划分以生命变化周期为标准。主要代表学者有休伯曼(M. Huberman)、伯顿(P. Burden)、费斯勒(R. Fessler)等人,国外教师专业的发展阶段如表5-1所示。

表5-1 国外教师专业发展阶段

"人生"阶段论 (休伯曼,1978)	入职期	稳定期	实验和岐变期	重新估价期
	平静和关系疏远期	保守和抱怨期	退休期	
"发展"阶段论 (伯顿,1979)	生存阶段	调整阶段	成熟阶段	
"自我实现"阶段论 (斯德菲,1989)	预备生涯 退出生涯	专家生涯	退缩生涯	更新生涯

(二) 国内有关教师专业发展阶段论

我国对教师专业发展阶段的研究始于20世纪80年代。学者们从心理学、教育学、伦理学等角度构建了教师素质结构及教师专业化的理论框架,为我国教师专业发展阶段的研究奠定了理论基础。然而,相较于西方国家对教师专业发展阶段的研究,国内此类研究还较为有限。其中一些代表性观点,如表5-2所示。

---

① 教育部师范教育司.教师专业化的理论与实践[M].北京:人民教育出版社,2003:68-69.

表 5-2　国内教师专业发展阶段论

姓　名	代表性观点
吴康宁	预期专业社会化 继续专业社会化
傅道春	角色转变期 开始适应期 成长期
叶澜	"非关注"阶段 "虚拟关注"阶段 "生存关注"阶段 "任务关注"阶段 "自我更新关注"阶段
卢真金	适应与过度 分化与定型 突破与退守 成熟与维持 创造与智慧
梁文鑫等人	生态突变期的学习 模仿与尝试试用阶段 生态进化期的困惑 怀疑阶段 生态融合期的确定应用阶段 生态平衡期的创新应用阶段
钟祖荣等人	准备期 适应期 发展期 创造期
孟繁胜等人	新手教师 适应型教师 熟手型教师 专家型教师

综上所述,教师专业经历了由点(教师发展的关注点)到面(教师发展的全程)的拓展,教师专业发展的研究方法也经历了一个由方法单一到方法多样且渐近科学的过程。这些理论给我们带来了许多有益而深刻的启迪。然而,不能忽视的是,教师不仅仅是一个"教师",更重要的是作为一个"完整的人"。因此,教师的发展也不应局限于"专业发展",而应更加关注"作为人的发展",这是更加基础、丰富和广泛的层面。教师专业发展是一个复杂而重要的领域,需要我们不断创新和完善。

通过深入研究教师专业发展的各个方面，我们可以为培养优秀的教师队伍和提升教育质量作出更大贡献。

三、教师专业发展阶段及其任务

教师专业发展阶段可从时间维度划分为专业准备期、专业适应期、专业成长期、专业成熟期、专业高原期和专业创造期，每个阶段都有其独特的任务和发展目标。这些阶段的划分可以帮助教师意识到自己在职业发展中的位置，而且对于教师来说，专业创造期尤为重要。

（一）专业准备期

专业准备期是指教师职前教育阶段，教师在这一时期仅限于接受师范或教育硕士学位的教育教学知识，这些知识仅停留在理论层面。教师对教育有着很多想法，但这些想法与实际教育实践存在一定程度的脱节。这一时期的教师年龄一般为20~30岁。

【案例5-4】

比如，小学特级教师李吉林在师范学校读书时，不仅学习好，毕业时有22门功课都是5分，而且积极参加各项课外活动，当广播员、办黑板报、打乒乓球、学画画、练美术字、学指挥、练弹琴，还是排球二级运动员，这些优势为她后来创造情景教学法打下了良好基础。

资料来源：钟祖荣.现代教师学导论：教师专业发展指导[M].北京：中央广播电视大学出版社，2006：91.

【点评】 案例中李老师在职前准备期时综合素质全面发展，教师的素质取决于多种因素，主要包括家庭和学校两方面，其中教师自身的影响最为突出。此外，他们自身是否勤奋，学习是否得法，则是决定性的因素。这个阶段的学习，对他们未来成为教师或者成为一个什么样的教师是有一定影响的。

（二）专业适应期

教师专业适应期是指教师刚刚从高校毕业从事教师职业1~3年这一阶段。有关教师专业发展的相关理论甚至将教师职业初期界定为充满危机的"求生存阶段"。这一阶段，新手教师往往会遭遇理想与现实之间存在的心理落差。这就导致新手教师在教育教学情境中将会或多或少面临一些困境。具体任务包括学会备课、学会授课，以及适应自己的职业生涯环境，需要注重自我学习和提升，积极参加教师培训和专业发展活动，不断拓展自己的教育教学理念和方法。

【案例 5-5】

比如,小 Y 老师除了要带好自己班上的课,还会经常接到学校临时安排的教学任务。如在开学之初,学校让他担任 303 班的班主任兼语文老师。但是,当时他同时在上 501、502、503 三个班的科学课。因此,有时候他觉得自己的精力跟不上,备课不是特别充分,作业也抓得不是很紧。下午放学,小 Y 老师也不怎么留学生订正作业。工作繁忙、时间紧张,在一定程度上影响了他对学生学习的要求。学校任务增多,但对老师的要求却不会降低,作为一位要在学校求生存的新手教师,他更多地关注自己是不是一个他人眼中的好老师。在这样的情况下,面对学校考核的要求,当他担任 303 班班主任时,一直表现得非常严肃。例如,班级被学校清洁检查扣了 0.4 分之后,他便开始严格要求孩子们,狠抓行为习惯和日常的清洁。

资料来源:周晓燕,俞姣.困境与抉择:一位小学新手教师道德决策的发展历程[EB/OL]. (2022-12-26). https://case.cdgdc.edu.cn/case/readCaseSummary.do?caseId = 010f607cded84263b4166b386fae8fb4.

【点评】 案例中,繁重而琐碎的课业负担和班级管理事务,成为压在小 Y 老师肩上的两座大山。心有余而力不足,小 Y 老师很难将更多的精力放在学生身上,而是倾向于关注"我是否是一个他人眼中的好老师"的外在评价上。是秉持内在初心?还是关注外在评价?看来,在这个阶段小 Y 老师无奈选择了后者。因此,在这一阶段新手教师遭遇的困境能否得到及时、合理的解决将会直接影响新手教师对教育教学的合理认知及其专业情怀的形成与发展。

(三)专业成长期

专业成长期是教师不断提升自己的重要阶段,是教师在初步适应教育教学工作之后,通过在实践中不断锻炼和提升自己的教育教学能力和素质,使其能够达到熟练程度的阶段。处于该阶段的教师的基本任务是:在全面分析自己的基础上,寻找发展突破口,寻找适合自己的发展定位,找到提升自己的方向,并积极地锤炼和提升自己,掌握并应用先进的教育技术和教育手段,使教学过程更加高效、个性化,提高学生的学习效果。

【案例 5-6】

比如,北京大学附中数学特级教师张思明说:"当初步适应工作后,我就感到自己的专业知识的厚度不够,不适应教学内容的变化,不能从更高更广的范围和角度去把握教材,课外活动也力不从心。"于是,他参加了数学专业的自学考试,毕业后,又学习了计算机语言、数据结构、计算方法等知识,还考上了首都师范大学的硕士研究生和由日本资助的赴日教师研修生。

资料来源：钟祖荣.现代教师学导论：教师专业发展指导[M].北京：中央广播电视大学出版社,2006:93.

【点评】 案例中该教师处于专业成长期，无论是在素质的水平上还是项目上，都是朝向熟练化、全面化、整体化发展，他们在锻炼自己素质、提高自己专业知识的同时，也注意向更深更广的方向发展。

（四）专业成熟期

处于教师专业成熟阶段的教师主要表现为：有献身教育事业的理想，有高度的社会责任感，教师熟练掌握了教育教学所需要的各项技能，熟练掌握观察和了解学生的技能，能够组织、转换和传递信息，具备良好的组织管理能力。处于教师专业成熟阶段的教师不仅具备了较强的教育教学科研能力，还具备高度的教育教学热情和责任感，并通过自身的努力和实践不断提升自己的教育水平，成为学校的教学骨干。此外，这一时期的教师还拥有良好的人际环境，作为教学骨干得到了各方面的认可。

【案例 5-7】

比如，浙江省语文特级教师王崧舟讲述自己专业成长之路说："我这个人生性孤独。'孤独'这个词拆开了，就是孤高、独特。我做事追求极致，也喜欢与众不同，这是骨子里的东西，与生俱来。在上《万里长城》一课时，我前前后后修改教案不下12次，有推倒重来的，有局部调整的，有为了一个细节反复打磨的……我总是自己和自己较劲儿，喜欢自己和自己过不去，自己的才情就这样汩汩地冒着，我的语文教学就这样不断地超越着，不断出新，不断出奇，不断出彩。"

资料来源：王崧舟."剑气合一"的教学人生[EB/OL].(2016-02-01). https://mp.weixin.qq.com/s?__biz=MzA4ODY4MzAxOQ==&mid=401415474&idx=1&sn=b490ae4059f5e4b68e945c76fd7d91a0&chksm=023fda5635485340dccb924b2b203be73860c2d005c154cec820a0012181f11ed94dd8e60a71&scene=27.

【点评】 教师专业成熟阶段为教师专业发展的黄金期或关键时期，案例中的王老师在这一阶段突破自我，"一鸣惊人"，想法很多，创造很多，教学策略和教学艺术已经内化为深层次、无意识、融入生命中的自然行为。

（五）专业高原期

专业高原期是指教师成长过程中的一个相对静止的状态。从年龄上看，处于高原期的老师一般都在 40 岁左右。从动机上看，他们往往缺乏成就动机，对未来没有太大的期许,因为缺乏目标而彷徨不前。在生活上,往往伴随着一些不如意的变化,这些问题可能进一步影响到教师的工作状态和心理健康,增加了高原期的挑战。处于教师专业发展高原期阶段的教师由于过分依赖过去的教学经验,容易出现经验主义倾向,墨守成规,制约自己向更高层次发展。

【案例 5-8】

某校举行课堂教学开放月活动,教导处安排教师上公开课,教师们纷纷借故推脱:年龄大的教师主动"退位让贤",说自己"年纪大了,还上公开课吗?"中年教师"明哲保身",称"自己经验不足,不敢担此重任"。无奈之下,教导主任硬摊给青年教师,青年教师只好"不得已而为之"。这些现象表明,很多教师尤其是具有一定教龄和教学经验的教师将公开课视为一种负担,采取敬而远之的态度。

资料来源:中国教育报.教师"沉睡"现象面面观唤醒"沉睡"的教师[EB/OL].(2006-04-20). https://news.sina.com.cn/c/edu/2006-04-20/08468745249s.shtml.

【点评】 案例中,中年教师纷纷主动"退位让贤",将公开课视为负担,存在着"做一天和尚撞一天钟"的心态,只愿意完成自己分内的工作,不会主动追求教学专业的卓越与成长。因此教师在这一阶段的任务是:突破高原期停滞不前现状,运用实践与理论的结合来选择并完善其创新内涵,以谋求自身的可持续发展。

(六)专业创造期

在创造期中,教师从固定、常规、自动化的工作过渡到了探索和创新的阶段。这个阶段对于教师来说非常重要,因为它不仅帮助教师形成个人独到的见解和教学风格,还使他们能够以更加创造性的方式来应对教育工作中遇到的各种问题和矛盾。在这一阶段教师的任务是:① 在素质上,发展创新型素质,比如,教师的问题意识、反思意识、创新意识、创造性思维能力、创造性的个性品质(自信、毅力、独立性)。② 在活动上,具有探索性,比如,编写新教材、改进教学法,就某一项教学目标的实现进行综合改革。③ 在成果上,注意理论总结的工作,形成自己的教育思想。

【案例 5-9】

比如,江苏泰州中学特级教师洪宗礼在回忆自己的成才过程时说:"改革,激发了我的探索精神、创造意识,使我逐步向成熟型教师转化。在改革实验中,我研读了中外教育家的大量著作,收集了中外关于语文方面的资料。结合试教,我几乎每个单元都写札记,又从这些札记整理出诱导式教学法的 22 个课型,概括出引读十法。我立足自己的教改实验,学习借鉴他人的教改经验,对语文教学的目的、任务、性质、原则、教法等十几个领域进行了一些研究,写成了一部23万字的论文集,还先后出版了6部专著,主编了供中学生思维训练的专用教材和140万字的江苏省单元合成、整体训练初中语文实验教材。"这就是骨干教师在创造期特点的很好的实例。

资料来源:钟祖荣.现代教师学导论:教师专业发展指导[M].北京:中央广播电视大学出版社,2006:94-95.

【点评】 这就是骨干教师在创造期特点的很好的实例。创造期的骨干教师在教育教学的实际成果上,表现为形成自己的教学风格、教学模式,总结出自己的教育观点和某方面的理论,发表有一定分量的教育论文或教育著作,我们可以称为专家教师。

教师专业发展是一个内外互动、不断调适、波动递进的非线性发展过程。关键期是指教师从适应阶段向成熟阶段发展的过渡时期,也是新手教师向成熟教师迈进的重要阶段。而突破期则是指教师从高原期跨越到创造期的阶段,也是理念超越行为的关键时期。教师能否从经验走向理性,由胜任、称职走向熟练、超越的关键,在于教师能否通过先进科学的理论反思既往的教育教学经验,并在总结自己教育教学经验的过程中,提炼升华富有见地的教育教学理念,实现由教育教学工作者向教育教学专家的转变。可以说,突破期是教师自我超越的阶段,也是教师实现从教育教学工作者成为教育教学专家的决定性时期。[①]

第三节 教师专业发展的拓宽路径

中国教育有自己的传统和现实,探讨教师专业发展的问题必须建立在这个基础之上,因此,寻求一条适应中国教育实情的能够促进教师专业发展的本土化途径十分重要。然而根据目前教师专业发展现状来看,仍然存在着一些影响因素和现实困境。只有将教师专业发展的内外部各个因素的关系和困境都进行良好处理,才能更好实现教师的良性成长。本节主要对教师专业发展的影响因素、现实困境和提升路径进行研究分析。

一、影响教师专业发展的主要因素

对教师专业成长的众多因素的正确认识和对其专业发展基本策略的积极探究

[①] 刘乐乐,牛立蕊.核心素养视域下的高校教师专业发展路径[M].长春:吉林大学出版社,2018:119-120.

与促进,能够很好地推动教师的专业成长。教师专业成长这项工程是系统而复杂的,这项结果由内、外因共同作用得来。学校、家庭和社会这样的客观因素与教师的主观因素都会影响他们的专业成长,而主观因素是关键性因素。

(一) 自身因素

美国心理学家马斯洛认为,"健康的人都有追求自我实现的内在倾向"。[①]所以,在一定程度上,教师自身因素决定着他们的专业成长,也是他们专业发展的关键影响因素。这些因素包括教育信念、知识结构、能力素养、从业动机与态度和专业发展需求与意识等。

1. 教育信念

在教师的专业结构中,教育信念处于最高地位,对教师专业结构中的其他要素起统筹作用。王卫东把教师的教育信念解释为"教师在对自己所从事的职业有了一定认识的基础上在教师劳动价值方面所产生的坚信不疑的态度"。[②]宋宏福认为教师的教育信念是教师"对教育理想、教育观念、教育理论及基本教育主张的确认和坚信"。[③]

2. 知识结构

使教师职业与其他职业的经验和理论系统产生差别的是专业知识。教师的知识结构也发展存在于知识结构的深度、广度和创造性方面。教师专业发展状态和水平深受知识结构的影响。除了被明确规范和科学实证基础深厚的显性知识之外,教师个体的知识结构还存在隐性知识,包括个人的和在某些背景中使用或产生而没有明确表达的知识。除了个人的直觉、体验和洞察之外,隐性知识向显性知识的转化还受个人分享和表达欲望的影响。要解决这一问题,我们可以使用探讨教育个案、集体开发校本课程、研究教师行动等方式。

3. 能力素养

教师能力包括两个方面:专业特殊能力和智力。教师专业特殊能力包括两个层次,一是课程与教学组织能力、语言表达能力、环境适应能力、课堂注意力、时间支配能力、教育技术开发能力等直接体现了教师教学实践的专业能力;二是有助于推动教师认识教学实践的教育科研能力。教师能否对自己的日常教学活动进行独立主动的思考观察,全面准确评估自己的现实条件与需求,并在此基础上进行有机结合,这些探索和尝试在很大程度上标志着他们的教育能力发展水平。因为出现了这个状态,说明教师本人对教学工作能完全胜任和适应;职业情感的健康与否,直接体现在教师的抱负水平和专业发展需求上,如价值感和满足感等。

---

① 马斯洛.人的潜能和价值[M].北京:华夏出版社,1987:170.
② 王卫东.教师职业信念问题初探[J].华东师范大学学报(教育科学版),2000(4):8-13.
③ 宋宏福.论教师的教育信念及其培养[J].现代大学教育,2004(2):37-39.

4. 从业动机与态度

动机是指为了实现特定目标而满足需求的意识。需求、抱负、兴趣和价值取向是引起动机的内在条件。教师的工作兴趣可以在教育活动中培养。整个教育活动过程要能够激发教师的兴趣，而稳定的兴趣则会使教师对教育事业充满热爱，因此教师的价值观在这方面起到长远而广泛的作用。教育理想是对最高价值观的总结，它对教师的动机体系产生直接影响；而行动方向则受教师的价值观和兴趣所影响，其目标达成程度则取决于抱负的水平。

5. 专业发展需求与意识

专业发展需求与意识是指教师对专业标准和从业者要求的深入了解，以及清晰认识和规划自己的专业发展方向和目标，同时也涉及对自己从事职业的专业性质的认同以及对自身专业结构的更新。从本质上看，专业发展需求与意识不仅意味着教师能够理解自己与外部世界的关系，而且还能将个人发展视为实践过程，以构建自身内在能力为目标；它是个体自我控制能力和独立自我意识形成的标志，代表着个体能够主导自身发展的程度。

（二）外部因素

事物发展的依据是内因，条件是外因。也就是说，教师自身因素决定着他们的专业成长，但也不能忽视外部环境的影响。因为教师会在特定的社会环境中进行专业发展。因此，我们十分有必要分析外部环境中的影响因素。社会因素、学校因素和家庭因素是外部环境因素的主要内容。

1. 社会因素

影响教师专业成长的社会环境因素，包括社会认识看待教育与教师的地位和价值的方法、社会经济文化发展水平、教育经济制度法规、学校教育和教师受到教育改革与发展的要求等。可以说，在经济发展水平良好、政府重视教育、社会尊重教育、改革推动教育等的良好政策导向下，教师将会获得更好的专业发展环境空间。

2. 学校因素

教师教育工作的场所主要是学校，这也是教师专业成长的主要场所。教师的专业发展在很大程度上受到学校人际环境、工作氛围、制度建设、自然环境和文化环境等的影响。教师专业成长水平直接受到学校设定的工作氛围、对教师的要求、对教师基本职责是否明确、是否帮助教师制定目标规划等方面的影响。

3. 家庭因素

教师的专业成长也受到其家庭经济实力、支持度和文化背景等因素的影响。

二、教师专业发展遭遇的现实困境及对策

中国式教育现代化背景下,给予教师专业发展的新场景,赋予教育专业发展新内涵,关于教育现代化背景下教师发展的理论探讨由来已久,并取得了一定的研究成果。但从现实层面看,教师的专业发展也面临新的现实困境。

有研究者从以下四个层面概括出我国教师专业发展存在的问题[①]:

一是在观念层面,部分教师对自身专业发展意识淡薄,对职业规范、周期及专业发展规律、价值等认识不清。

二是在理论层面,预成论的静态理论假设与理论研究领域失衡,对教师专业发展的本义、价值、特征、结构等静态理论研究相对集中和深入,而对技术层面的过程、机制、模式与策略探讨不足,使实践环节的理论指导性相对薄弱。

三是在机制层面,晋级阶梯的"目标-动力"导向与参与教师主体身份的缺失,依靠外部利益驱使教师参加各种专业进修和培训,忽视从专业本身来引导教师的自主意识。

四是在物质层面,教育规模扩大化与有限教育资源矛盾凸显,教师专业发展形式化加剧。

解决上述问题的措施主要有:

第一,由传统的预成论假设向建构主义的、自组织的专业发展取向转变。

第二,理论取向更新,注重教师主体性、专业发展的内在动力,用对话、反思、合作、分享等方式促进教师专业发展。

第三,实施模式更新。

第四,采用合作型、研究型的教学方法。

第五,整合教师教育,增强持续性、系统性和效果反馈。

第六,切实赋予教师在新课程中更多的职能和权利。

第七,改进评价机制。

第八,突出教师专业发展的本土意识。

另有研究者认为教师专业发展的问题主要包括以下三个方面[②]:

一是教师专业发展的主体性迷失,主要体现在教师评价制度对教师专业发展的制约,教育管理制度对教师专业发展的束缚,政策话语、专家话语对教师专业发展的主宰。

二是教师专业发展的技能化取向,在技能化取向下,教学实践失去独立价值,教学过程成为教学理论应用的过程,教师专业发展的个体性湮没于群体性中,教学

---

① 刘万海.教师专业发展:内涵、问题与趋向[J].教育探索,2003(12):103-105.
② 黄耀红,周庆元.教师专业发展的问题反思与理念重构[J].中国教育学刊,2007(7):69-72.

实践知识的个体性和情境性被忽视。

三是教育专业发展的整体性分割，主要表现在德能二元评价框架对"德"与"能"的分割，教师职前教育与职后培训之间的阶段断裂，从整体上看，职前教育存在重"道"轻"器"的倾向，职后教育又表现重"器"轻"道"的偏差。

解决上述问题的措施主要是要重构教师专业发展的理念，具体包括：第一，生命超越性的唤醒——教师专业发展的主体力量；第二，自我经验的反思——教师专业发展的实践取向；第三，人文引领的凸显——教师专业发展的范式转换。

还有研究者认为教师专业发展在现代化进程存在以下几方面困境[①]：

首先，教师传统教育理念没有得到根本性的扭转；

其次，教师教育素养与教育现代化要求没有完全接轨。当前教师教育素养与教育现代化的要求契合度不高：一是对人文素养重视不够，二是专业素养仍需提高，三是科研素养亟待加强。

最后，教师的队伍建设也达不到教育现代化的要求，主要体现在：① 教师队伍的整体素质有待提高；② 教师素质区域性差距明显；③ 对教师进行培训的力度需进一步加大；④ 优秀教师、教学名师的示范、辐射作用还很有限。

解决上述问题的措施主要有：

第一，将现代化教育理念深深植根于教师的思想土壤，尊重个性发展，注重人文关怀，并不断反思职业角色。

第二，全方位扎实提高教师素养，需强化人文素养，提高专业素养，并注重科研能力。

第三，持续推进、着力打造合乎教育现代化要求的教师队伍。教育现代化对教师发展的要求不仅仅是实现教师个体的发展，还在于教师队伍整体素质的提高。教师队伍的发展依赖于合理的顶层设计、科学的制度安排和扎实的政策落实，统筹兼顾，持续推进。

三、促进教师专业发展的有效路径

随着教师的不断成长，越来越多的他们意识到，仅仅作为"教书匠"是不能满足现有的教育需求，"教师作为研究者""成为专家型教师"的理念深入人心。在教师自主寻求发展的过程中，案例5-10中的小A老师代表了一批在专业发展过程中不断遇到问题的教师。

---

① 蒲丽霞,单昕,苗志娟.教育现代化背景下教师发展困境的突破[J].教学与管理,2014(26):3-5.

【案例 5-10】

教师专业发展的困惑

小 A 老师是海淀区的一名小学数学教师。执教六年以来，小 A 老师通过自己的努力、前辈同事的支持、学校领导的培养、教研员的指引，得到了学生和家长的一致认可，成长为学校的一名骨干教师。小 A 老师在教学反思中提道："上班六年来，在我的数学课堂上总是可以听到孩子们说：'这节课太有意思了！我太喜欢数学课了，我还没上够。''这节课我自己探究出了结果，我太了不起了。''我找到了学习方法，以后我再也不怕数学了……'"小 A 老师认为自己教授的学生对于数学的学习兴趣一直很浓厚，孩子们良好的学习习惯与自己上课的教学风格是分不开的。

随着自身的不断成长，小 A 老师对教学的追求也越来越高。小 A 老师开始思考，热闹的课堂真的是高效的课堂吗？每个学生在课堂中都得到了切实的启发吗？此外，小 A 老师坚持学习，提升自我，在研修过程中，小 A 老师接触到了多新的教学理念、方法和策略，但是如何将研修所学迁移、运用到自己的课堂却是个问题。

【点评】 在实践过程中，教师自身发展的随意性较大、自主程度较低，缺乏研究意识、研究能力、反思能力和合作能力，缺乏客观的评价标准，这对教师的专业发展和自我提升而言形成了重重阻碍，而专业发展是一个教师成长的命脉。缺失专业发展，教师便只能沦为一个名副其实的"教书匠"，干一辈子重复劳动。

我国学者叶澜说："没有教师生命质量的提升，就很难有高的教育质量；没有教师精神的解放，就很难有学生精神的解放；没有教师的主动发展，就很难有学生的主动发展；没有教师的教育创造，就很难有学生的创造精神。"但对教师而言，其有效的、持续的发展不是完全在自主状态下进行的，而是通过积极有效的途径得以实施。教师要成为学生发展的促进者和教育的研究者，需要通过有效的途径来实现。

（一）师德为先：坚定信念与行为

教师作为能动的"人"，需要以师德培养为首要任务。师德为先主要包括对自身的德行、对学生的德育以及对教育事业的责任。要实现师德为先，教师需要树立坚定的信念并付诸行动。信念是教师积极性和创造性的重要源泉和动力。在当今社会，物质利益已成为一些人的至高追求。在这样的背景下，要成为一名优秀的教师，我们必须始终坚守初心并付诸行动。我们应该在培养自身良好品德和职业道德的基础上，结合我们的道德修养经验，学习广泛的德育知识和方法，不断提升我们培养学生良好品德的能力，以实践德育引导学生的发展。尤其需要注重培养个性化德育的能力和引导学生自主培养品德的能力。

(二)学生为本:以培养核心素养为目标

从学生的核心素养视角来看,我国教师教学方式的转变是由教师中心转变为学生中心。这需要教育者在自身发展中扮演不同的角色,从知识的传授者转变为学生学习的促进者。根据认知学研究的相关发现,如果学生能够亲自参与学习过程,就更有可能记住所学的内容。相反,如果学习只是为了机械地重复记忆知识或应付考试,那么学生可能无法永久记住所学的内容。因此,教育工作者需要将注意力转移到促进学习的过程上,而不仅仅是站在讲台上传授知识。如今,我们的学习方式比以往更加多样化,学生已经能够在技术的帮助下自主寻找问题的答案。教师会逐渐发现,如果能够扮演教育引导者、学习促进者甚至是共同学习者的角色,他们会取得更多的成就。在未来的课堂中,教师的职责将是开展个性化学习,而不仅仅是让学生为应对考试做好准备。

(三)能力为重:教、学、研一体化

苏霍姆林斯基有一句名言:"如果你想让教师的劳动能够给教师一些乐趣,使天天上课不致变成一种单调乏味的义务,那你就应当引导每一位教师走上从事一些研究的这条幸福的道路上来。"[1]从全球范围来看,随着教育的进步,"教师成为研究者"已经成为普遍认可的观点。它不仅是教师们向往的理想状态,也是他们成长的必经之路,更是教育发展的动力。因此,教师需要树立教、学、研并重的意识。从某种意义上说,教、学、研是相互促进的,对于任何一位教师而言,这三者是不可分割的。如果其中任何一个环节缺失,都将破坏教育的和谐。教师进行教育研究的目的是致力于解决真实学校和教育教学实践中遇到的实际问题,从而改善教育教学行动,提高教育的质量。

(四)合作引领:构建教师学习共同体

首先,教师集体合作的一种有效方式是建立学习共同体。教师们通过形成一个共同的愿景和一致的目标来打造专业学习共同体,这不仅是起点,也是终极目标。其次,要建立知识共享机制,鼓励多样化的知识共享内容,灵活使用多种知识共享方式,以促进教师学习共同体成为一个开放的交流平台。最后,在合作探讨中,教师需要敞开课堂的大门,超越个人课堂的限制,与同事分享教学经验,在教师学习共同体中请教学习,将课堂变为一个共同学习与交流的场所,确保"同课再构"不仅是形式上的磨课。英国伦敦大学罗斯玛丽·卢金教授认为,人的智能与其社会互动能力紧密相连。因此,要成为一个合作伙伴,关键在于加入一个具有共同愿景、共同使命和共同价值观的专业发展共同体。朱永新老师提出的新教育实验也

---

[1] 苏霍姆林斯基.给教师的建议[M].杜殿坤,编译.修订版.北京:教育科学出版社,1984:494-495.

强调了教师专业发展的"吉祥三宝",即专业阅读、专业写作和专业交往。其中,教师学习共同体可以说是"专业交往"的重要形式之一。

(五)观念更新:树立终身学习的意识

美国西北大学著名经济史学家乔尔·莫基尔(Joel Mokyr)指出,随着技术变革的加速,人类需要积极应对挑战,并不断学习新的技能以适应这种变化。过去常说,教师应该拥有足够的知识,为学生提供"一碗水"。然而,在如今信息知识的"大爆炸"时代,仅仅拥有"一桶水"已经远远不够,我们需要源源不断的知识输入,因为学习是一个无止境的过程,伴随我们的一生。在这样的时代背景下,教师的工作与学习已经融为一体,若只专注于工作而不再学习,教师就会变得像流水线上重复劳作的工人,失去创造力和活力。因此,教师的学习应该是一个积极构建的过程,通过不断学习,教师可以丰富自己的知识和实践经验,勇于敞开内心的大门迎接未来的挑战,坚定自己成为"人师"的信念,并形成独特的教育风格,激发学生对真善美的向往。总之,在终身学习的时代,教师应该成为终身学习的先锋和榜样。

(六)坚持写作:培养自我反思能力

教师的写作是一种自我存在的彰显、思维的训练以及个人知识的管理。在写作过程中,教师必须对自己的教学实践活动、个人经验、教学关系、教学理论等进行全面而系统的思考。写作的重要性贵在坚持,需要恒心。只有持之以恒,才能获得更大的收获。教师的生活每天都在变化,他们的生活似乎每天都充满着"传奇",然而有些教师却认为自己的生活非常枯燥、非常苍白,这实际上是因为缺乏回忆与反思——经验的激活与唤醒。而坚持写作将通过有意识地追求和表达生命,以区别一天天无趣的存在状态,使自我存在状态变得更加清晰与丰富。其次,写作同时也是一种思维和逻辑训练的过程,能够深化教师个人知识的管理,促使问题解决过程得以呈现,并培养自我反思的能力。因为当下的体验感受是即时性的,很难具备反思性,但是坚持写作可以将当下、即时的体验经历描述出来,这是一个书面化、文本化的过程,同时也是反思的过程。

同时,随着时代变迁和技术进步,教师的专业素养面临着新的要求。在人工智能时代,教师需要面对更高层次的教育变革,并具备信息技术素养、人文精神、创新能力和跨学科素养等多方面的能力,以胜任未来教学过程中的工作并与时代并肩前行。[1]未来教育环境中,教师的角色至关重要。在人机共教的时代,教师仍然是不可或缺的。然而,随着人工智能的发展,未来教师需要具备多个方面的素养,以胜任教育工作并培养适应人工智能时代需求的学生。为此,我们需要认识到教师角色的演变并承认其额外负担。因此,国家和社会应提供更多的支持,包括心理健

---

[1] 赵慧.未来教育:教育改革的未来[M].北京:人民日报出版社,2021:78.

康培训和技术培训。心理健康培训能够帮助教师缓解"情绪性劳动"的压力,而技术培训能够帮助教师更快地适应现代教育技术,弥补技术方面的差距。只有如此,教师才能够在人工智能时代中脱颖而出,承担教育工作的重任,并有效培养未来的学生。

总之,未来的教师会不会被人工智能所取代,这当然是否定,教师不会被取代,而且还会日益重要,因为"人"还有许多隐秘的能力尚未挖掘,而教育是一场美丽的冒险,是机器无法主导的。未来的教师们不会想着怎样以超越人工智能的博学去向学生单纯地传授内容知识,他们会鼓励、调动学生的积极性,让学生自己去探索、批判、利用一切可以利用资源。未来的教师们不会站在讲台上喋喋不休,而是更像一位顾问、导师、教练、朋友,他们会用心去关注学生,他们是改变学生命运的关键人物。这是美好的愿景,也希望不久将来能实现。

【拓展阅读】

窦桂梅老师的专业发展路径

教师对专业发展的追求就是用积极的行动,为实现更高的教育目标而不懈地努力。多年的为师感悟令窦老师学会把奋斗和争取视为转变自己人生的重要筹码,她认为"所有的经历最终都会以年轮的方式铭刻在生命里"。她总结出在职业生涯全过程中,师范生和教师实现教师专业发展的有效途径有以下方面:

1. 目标明确,信念坚定

窦老师在讲述自己专业发展的经历时说:"我从小就想当一名老师,这个朴素的理想一直占据着我小小的充满幻想的心。我唯一的愿望就是当一名真正的老师,站在讲台上,站在孩子们的笑脸中间。我觉得,只有那种生活,才是属于我的真正的人生。"进入师范学院学习虽是偶然,但若心中从未有过成为教师的信念,窦老师这棵"参天大树"也许不会挺立在教育之林。

2. 热爱教育,百折不挠

窦老师入职的前几年,也受到一些家长的质疑。但是她从未放弃,一直不断地积累沉淀、激励自己,从不逃避,积极地寻求提升自我的办法,不放过任何实践的机会积累经验,终于守得云开见月明。她的成长是对"厚积薄发"的完美诠释。她说:"是这样的历练和'打击',使我学会了把批判和奋斗视为生活中的平常事。变得拿得起也放得下,变得可以承受命运的'十字架'。不怨天,不尤人,一意向前。"

3. 反思研究,知行合一

首先,教师要反思自己的授课能力,发现不足并寻求改善的途径。窦老师乐于反思,她的所有课程都是在经过多次推敲与斟酌后呈现给学生的,每一次教学设计她都试图做到完美,但总觉得每一次都有不完美之处,如此反复。"这次不是最好的,下次只能是更好。教师的专业追求、专业提升和专业探究必须依靠不断反思,教师必须通过言语和行动进行思考,并通过反思和批评来成长。"任教期间,窦老师为找出自身讲课的不足,经常通过观摩录像进行反思,将授课过程录下来,反复看,挑出错误。同时,独自一个人的实践会走许多弯路,教师需要他者的眼光,善于听取他人的想法。就像窦老师,她不放过任何他人对她的教学设计和授课过程提出的建议,并将这些建议记在本上,反复琢磨。凡事要三思,但比三思更重要的是三思而行。在发现错误和不足后,窦老师积极寻求改进办法,力求在下一节课教学行为中作出改正与完善,长此以往,她的教学能力突飞猛进。

其次,教师要反思育人实践,发现问题并探索解决的方法。从教30年,窦老师从未停止探索与实践,从《为生命奠基的"三个超越"》到"主题教学课程体系",再到"1+X课程"改革,将主题教学提升为主题教育。对教育教学的研究使她在职业生涯中能够克服倦怠,始终热情不减、不断进取。同时,在研究过程中,一人的力量有时稍显单薄,教师间可以形成合力。如中小学教师与大学教师结成伙伴关系、中小学教师组成志愿者小组等,通过共同研究修订课程、改进教学、实现专业化的教学和发展。

4. 读书一生,以写促思

从教以来,窦老师阅读了约300万字的专业书籍,写下了数百万字的读书随笔、文摘卡片、教学笔记。孜孜不倦地学习与阅读,给了这棵"大树"持续"向上生长"的源源不断的"养分"。

资料来源:刘思萌.教师职业生涯阶段与专业发展的实现:以清华附小校长窦桂梅老师为例[J].文教资料,2020(15):101-103.

本 章 小 结

本章第一节将教师专业发展概括为理智-技术取向、实践-反思取向、生态取向和终身学习取向,对每种取向的分别进行了介绍,并结合案例分别进行了评析,需要把握四种取向之间的异同,并根据我们自己对于教师专业生活状态的观察,批判地理解这些不同的取向,在此基础上初步形成自己对于教师专业发展的取向问题的基本框架。其次,教师专业发展的实质是在教师身上所发生的积极的改变,作为教师教育的重要基础和依托的专业发展,对教育事业有着重要的影响。第二节通过对教师专业发展阶段的概念、理论、发展阶段任务的理解,可以使个人的教师专业发展更加有的放矢,尽早向更高的教师专业发展阶段迈进。第三节指出,在中国式教育现代化背景下,教师作为具有能动性的"人"的主体性、独一性和价值性在也越来越得到凸显。教师要善于抓住变化之中的"不变",围绕着立德树人的核心任务,师德为先,坚定自己的信念和行为准则;同时,教师应该注重提升自身的能力,实现教、学、研的一体化,将学生放在教育工作的核心位置,以培养他们的核心素养为目标。教师还应该积极参与合作学习,构建教师学习共同体。观念的更新也是教师专业发展中的重要方面,教师要树立终身学习的理念。此外,坚持写作和培养自我反思能力也是教师发展的关键要素。

思考题

(1) 中国式教育现代化背景下教师专业发展的取向有哪些变化?

(2) 什么是教师合作?教师合作的途径有哪几种?我们应该如何提高教师合作的有效性?

(3) 你认为影响中小学教师专业发展的主要因素有哪些?目前,影响教师专业发展的有利因素和不利因素有哪些?

(4) 中国式教育现代化背景下教师遭遇哪些现实困境?

(5) 如何理解教师自我反思的内涵?教师自我反思的途径有哪些?

第六章 教师教育的案例分析

【学习目标】
(1) 了解教师专业情意的内容和意义。
(2) 掌握"教育扶贫的先行者"的角色特点、使命。
(3) 掌握新时代中国式教育扶贫理论、教师专业发展理论、教师协同学习共同体理论的生成逻辑、核心要义及价值旨归。

教师专业发展是一个在现实权力关系网中不断筛选淘汰教育经验的过程,同时教师专业发展也是教育理论的精神旅程。研究教师专业发展过程一定要聚焦教师主体所经历的不同场域,及其在这些场域中出现的关键事件对教师个体的影响。然而在现实生活中,人们更倾向于从现象学的角度观察教师身份的变化特征,忽视了教师作为"人"的精神变化。这是当前值得思考的问题。在案例分析中,以陈琼栋老师的教育扶贫之路为显性主线,以陈老师三次职业反思为隐性主线,具体分析了陈老师专业成长经历中的关键事件:以乡村学校现实问题为驱动,融合乡土文化的校本教研;以名师工作室的城乡双向互动、影子教师的走教驻校活动为契机,实现教师学习共同体的多元化发展;以经验改造和理论重塑为手段,加强教研与科研的结合,以援疆中坚守与放弃的冲突为牵引,升华教师的专业情意,以数智赋能为契机,实现远程教育援疆,实现终生援疆的专业理想。

第一节 一位援疆教师的教育扶贫之路

一、上山:父亲的乡村教育之路

在个体的生命发展历程中,早期的生活经历与生活环境是构成个体生命历程的起点,并将影响个体一生的发展。陈老师出生在一个教师家庭,他的父亲是20

世纪 50 年代 A 地区师范学校毕业的师范生,毕业后回到了自己的家乡花山乡当一名乡村教师。

我记得父亲刚刚工作的时候,在村里的学校担任老师,后来由于工作的需要,调到了隔壁村——杨桥镇八步村龙泉寺教学点。这个教学点坐落在山头上,海拔有 3000 多米,山上有 20 多户人家,只能步行爬到山顶,通往山顶的路是一条小路,每次上山都只能步行,大人要走 3 个多小时。教学点孩子的学习非常不容易,办学条件非常差。为了解决山顶上孩子读书的问题,当地政府将山顶上的一座破庙改成了这个教学点的教室,只有七八个学生,从一年级到六年级都有,大部分班级只有一个学生,采用复式班进行教学。老师一天要上不同年级的课,要上不同内容的课,教学内容很复杂。

父亲在花山乡工作两年后,为了让山上的孩子继续有学上,他主动提出申请,继续待在山上教学点进行教学,即使条件非常艰苦,但父亲依然坚守在那里,就这样,一教就是 10 年。

我父亲每天如此,住在破庙里,一周才回家一次,工作非常辛苦,一直在这里工作了十年,这里的学生换了一届又一届,按照规定,此教学点由山下的老师轮流去教,一般工作完两年就可以回到山下其他学校去教书。但是,别的老师嫌这里办学条件差,路途远,教学难度大,工作很辛苦,都不愿意去,如果我父亲下山,山上的教学点就没有老师了,山上的学生又没学上了。为了让山上学生有学上,父亲自己主动提出申请到山上的教学点进行教学,一干就是 10 年。

家庭是一个人成长的起点。父母则是孩子的第一任老师。陈老师儿时深受父亲的影响,对教师职业产生了向往,立志要当一名人民教师。父亲的乡村教育经历,也让陈老师备受鼓舞。后来陈老师考上 A 市师范学校普师专业,毕业后也成为一名小学教师。父亲对教育的执着以及对学生的热爱都在陈老师幼小的心灵中埋下了种子。

虽然山上的条件非常艰苦,但我的父亲坚持了 10 年,这 10 年间学生换了一届又一届,但父亲对工作责任感和工作态度对我产生了深刻的影响,应该说这也是我后来决定援疆的根本动力。

二、下乡:支援村小的乡村教师

(一)从语文教师到数学教师

陈老师刚工作时主教语文学科,2006 年 8 月至 2007 年 8 月,陈老师主动要求到乡村小学——大观区山口中心学校支教一年。当时该校缺少数学教师,他毅然从语文学科转到数学学科,放弃了教了十几年的语文课,重新捡起小学数学课本,从头开始备课,并且从此以后,陈老师一直都承担小学数学课程的教学。

早些年,农村小学由于地处偏远、条件有限,优质数学教师无法真正充实到农村教师队伍中去,而数学本身是一门渗透性很强的支撑学科,有助于小学生的智力开发。若学生数学水平无法提高,对其他学科的学习就会造成很大的影响。此外,与城市教育相比,农村教育的硬件设施明显落后,导致学校的数学教学和科研工作都面临极大的困难。所以在这样的环境下,经过仔细思量,我毅然决然地选择从语文老师改行成为一名数学老师,重新起灶,从头再来。

从城市教师到乡村教师的身份转变,赋予了他更多的责任,也使他变得更加优秀并且坚定了教育信念。在山口乡支教期间,他开设了全乡教育示范课——"稍复杂的分数乘除法应用题的对比""圆的周长""圆柱的表面积"等,举办了《新课程新理念新方法》和《让小组合作学习从形式走向实质》等专题讲座。

我多次深入农村学校课堂听课,指导教育教学工作,先后在山口中心、山口镇和联胜等小学听课近20节,从听课中了解到,新课程的理念还没有完全运用到农村学校的课堂教学实践中,教师的观念需要更新。基于此,在支教期间我主要做了以下工作:一是深入课堂进行听课,通过评课来互相交流;二是定期开设新理念指导下的示范课或观摩课,举办新理念专题讲座;三是运用集体备课形式,与农村教师共同研究如何运用新课程理念来指导教育教学实践;四是多次组织教师到高崎小学听各科骨干教师的示范课。

(二)用爱温暖留守儿童

2006—2007学年,陈老师在山口乡偏远的农村学校支教一年,身为支教老师,他对学生特别有爱心,不怕苦,不怕累。陈老师居住的地方离学校有足足20多千米,他每天早上六点从居住地出发,骑自行车到达菱湖公园公交车站,再乘4路公交车抵达山口乡车站,紧接着步行3千米到达山口中心小学。这样的路程单程一趟便需要花费两个多小时,而陈老师每天都要经历两次。

通过家访,他发现90%的农村孩子的父母都出去打工了,这些农村孩子就成了留守儿童。面对这些现状,陈老师尽自己最大的努力帮助这些留守儿童,关心他们,亲近他们。在他们缺少亲情和温暖的时候,他用自己的爱去温暖他们幼小的心灵,用爱的暖流让这些留守儿童不再孤单,让他们的童年变得快乐。

我教的学生有一个叫J同学,课堂作业和家庭作业错误很多,学习成绩比较差,上课时,她总是把头低着,不看黑板,不知道是不好意思还是怕老师。下课时,她也不愿意跟同学们在一起玩,常常一个人玩。为了提高她的学习成绩,我自费给她买了数学测试卷和一些课外学习辅导资料。我还利用课余时间给她

"开小灶",由于她的接受能力和理解能力比较弱,尽管我坚持不懈地、耐心地给她讲解,但学习效果还是不好。为了找到原因,我通过住在J同学家旁边的老师了解到她的家庭情况。她的爸爸和继母都出去打工了,她和同父异母的弟弟在家里,由奶奶照看。了解到她的家庭情况后,我决定给予她更多的关爱,用爱去温暖她那幼小的心灵,用鼓励给她与人相处的勇气,用知识给她前进的动力。从那以后,每天上课的时候,我都格外地关注她,经常向她提问。每天下午放学后,我也会给她辅导作业。课间休息时,我主动跟她说话,还让其他同学主动找她一起玩,建立友谊,后来她的胆子渐渐地大起来,她的性格也慢慢地活泼起来。我还利用休息时间进行家访,也通过电话,告诉她父母要多给孩子一些温暖。元旦的时候,J同学送给我一张贺卡,上面是这样写的:"我知道我的学习不好,但是我一定会努力,好好学习,不辜负您对我的期望。"经过一学年的努力,她的语文、数学、英语都考到了80多分,看到她的进步和改变,我感到很欣慰。

巴特尔说:教师的爱是滴滴甘露,即使枯萎的心灵也能苏醒,教师的爱是融融春风,即使冰冻了的感情也能消融。陈老师用爱去温暖一个又一个留守儿童孤单的心,孩子单纯善良的情感回应,也让他体会到了教师这个职业带来的幸福感。艰苦的教学环境和每天的起早摸黑没有让他陷入倦怠,反而让他感受到了自身价值,也成为他不断发展的动力。

(三)用乡土文化创新课例

在教育教学过程中,陈老师发现刚进入小学阶段的农村孩子无法理解数学知识的抽象性和逻辑性,同时,农村孩子的知识面比较狭窄,思维不够活跃,接受能力不是很强,尽管讲台上教师讲得津津有味,但他们听得云里雾里,无法积极、主动地投入学习,课堂气氛沉闷。针对这样的现象,陈老师进行了教学反思,并借助当地乡土文化,把农村孩子的现实生活搬进教材,开展生活化教学。

我与当地农村老师不断进行交流,发现一个现象就是农村孩子对于书上的例题读不懂、看不懂,也做不出来。由于学生不理解数学情境内容,就不会运用数量关系,我在思考如果把例题换成他的现实生活情境,利用生活经验来学习数学、解决问题会不会更容易理解,于是我对数学教学方法进行了创新和大胆尝试。

例如,我在教一年级上学期的"数一数"时,课本中的内容就是让孩子们在游乐场中学习数字,并对数字有一个基本的认识。尽管儿童乐园的情景很生动,但由于农村学生对其并不熟悉,因此这种情景并不能吸引他们的学习兴趣。针对这个问题,我利用农村独特的自然条件,在课堂开始之前,我就让同学们做了一些调研,比如果园里有多少棵树?村里有几条河流?家里有多少口人?并在此基础上,利用"仔细寻找""有序地数一数"等多种方式,培养学生的数感。在课堂中,学生们积极踊跃地回答问题,营造了一种宽松、活跃的气氛,课堂教学取得了很好的成效。

再比如,在"认识人民币"课上,我设计了一系列实践活动。让学生将家中大米、鸡蛋等乡土资源带进教室,给予学生一定数目的纸钞模板。首先,学生们在小组中讨论,给每个产品设定相应的价格;然后,让一些同学充当"销售员",另一些同学充当"顾客",设置了一定的购物情境。由于在日常生活中,学生常常跟随父母到集市购物,一些学生甚至有过将自己种的蔬菜进行销售的经历,因此,在这个过程中,我给予学生充足的时间,让他们根据自己的理解,与"销售员"交流,了解特定物品的价值,并尝试通过付钱购买获得相应的物品。最后,我分别了解了学生的购买情况、销售情况,再让这些学生互换角色,进行另一轮活动。在此过程中,学生对人民币的面值有了更深的认识,掌握了怎样使用硬币,并将之前所学到的计算方法运用到实际中,同时,学生对元、角、分的关系也有了更深层次的理解。

乡土文化在农村小学数学教学中的应用是非常重要的,而教师是这些资源开发利用的主体。陈老师结合当地的实际情况,从思想上认识到乡土文化开发利用在数学教学中具有的优势,并借助乡土文化开展生活化教学,学生收获数学知识,掌握数学方法,运用数学思维发现并解决问题,进而帮助农村地区教育事业实现高质量的发展。

三、援疆:教育扶贫的先行者

2012年,国家颁布《边远贫困地区、边疆民族地区和革命老区人才支持计划教师专项计划实施方案》,倡议援疆支教,陈老师也想像自己的父亲那样,为贫困地区的孩子献上自己的一份力量,于是,他第一时间打报告申请援疆。2012年8月,陈老师来到新疆和田市皮山县县直九年一贯制学校小学部工作,担任五(1)班班主任,还承担了该班的数学课教学工作;此外,他还承担了学校数学教研组长等工作。

(一)地震中的带病坚守

新疆和田地区皮山县地处塔克拉玛干大沙漠的边缘,气候干燥,全年雨水较少,经常爆发沙尘暴,一旦沙尘暴来袭,呼吸都非常困难。操场上、教室和办公室里,每天都有沙尘。夏天时,紫外线很强,非常热;而冬天,室外温度在零下二十几度,又非常冷。

我支教的地方地处沙漠的边缘,冬天冷,夏天热,气候干燥,年降雨量只有20毫米。土壤盐碱,地面上像下了一层霜一样,自来水是地下水,碱性很重。土地贫瘠,到处都是戈壁滩。沙尘暴天气多,起沙尘暴时,漫天黄沙,眼睛都睁不开,呼吸非常困难,只能躲在屋子里。学生每天到校后都要扫除地面上的沙尘,在校园里扫地和到戈壁滩上植树时,援疆的男老师都会戴帽子和口罩,援疆的女老师则戴头巾和口罩,抵挡沙尘。

恶劣的环境并没有影响陈老师的对教育的热爱,还没来得及适应环境,他就全身心地投入到教学工作中。颈椎病犯了,不能低头,他就在颈后贴一张"暖宝宝",坚持带病上课。

来到新疆皮山以后,面对极其干燥的气候,我的颈椎病犯了。当时,我的颈椎疼痛难忍,脖子不能左右转动,稍微动一下都疼,晚上睡不着觉,饭也吃不下,发病的时候经常呕吐。我只好自己治疗自己的颈椎病,每天用"暖宝宝"贴在脖子后面,但是效果不是很明显。在一个多月的时间里,为了不影响学生的学习,我虽然全身疼痛,但是仍坚持每天给学生上课,以及给学生批改作业。

图 6-1　新疆皮山县的自然环境　　　图 6-2　被沙尘笼罩的校园

颈椎病还没有完全好,陈老师工作的地点皮山县境内接连发生 4.1 级地震以及 4.5 级和 3.7 级余震,震源深度 8 千米,震感强烈。面对如此艰苦的环境,以及地震带来的恐慌,他想家了。他给妻子打电话,当时他的妻子白天要上班,孩子刚上高一,孩子的中餐没办法解决,于是让 70 多岁的姥姥到他家给孩子做午饭。妻子很心疼地对他说:"回来吧!"但他坚定地拒绝了。他说道:

组织交给我的任务还没有完成,就是本学期的任务也才完成一半,我不能回家。

就这样,他战胜了颈椎病带来的身体痛苦,克服了地震带来的心理恐慌,也忍住了对家人的思念和牵挂。他说:

新疆是全国人民的新疆,不是哪一个人的新疆,每个人都有责任把新疆建设好。

了解学生是教育好学生的前提。陈老师所教班级是半路接手的,一开始并不了解班级和学生的具体情况。后来他花了很多的时间与学生接触。例如,每天提前到教室与学生一起清扫教室里的灰尘和垃圾;课间休息时,他根据新疆的孩子们能歌善舞的特点,与他们一起唱歌跳舞,与他们打成一片。

图 6-3　孩子们打扫室外环境

图 6-4　陈老师与孩子们在课间跳舞

　　为了尽快了解孩子们,尽快融入到他们中间去,除了上课和开展教研活动外,我更多的时间是和孩子在一起。我每天都提前到校,到教室里巡查,与同学们一起清扫教室里的灰尘和垃圾。我班的室外环境区,每天都要扫起两铁桶沙,遇到沙尘暴天气就更多了。在深入接触后,我发现这群孩子最大的特点就是能歌善舞,她们随时随地都能欢快地唱起来、跳起来。我被她们感染了,课间活动时,我和孩子们一起唱歌、跳舞。

为了提高教学质量,陈老师在了解学生,帮助学生补缺补差的同时,对自己也提出了更为严格的要求。他积极寻找科学的教学方法,提前做好上课的各项准备工作。课上他认真讲解知识点,及时为学生答题解题。

书上例题的内容,我会提前抄到小黑板上,上课时将小黑板带到教室。需要的教具,我会提前做好,上课时带到班上。

此外,陈老师工作效率较高,白天学生做的测试卷,晚上他一定批改完成,第二天早上就发给学生。为此,他赢得了学生的好评。

有一位学生说:"老师,您真认真。"另一位学生感叹地说:"老师,您改得真快。"

(二)"留下一支带不走的支教队伍"

"留下一支带不走的支教队伍"是陈老师在新疆工作中一个深沉的梦想,他一直都在想,如果我走了,如何给这片教育贫瘠之地留下一支带不走的支教队伍呢?于是,他想到要"带徒弟",把自己的教育经验传递给徒弟们,打造一支优秀的徒弟团队。他通过开设公开课和师徒结对等活动,帮助新疆本地教师成长。

为了提高当地数学老师的教学水平,打造一支带不走的支教队伍,学校让我担任数学教研组长。我身先士卒,带头开设公开课,一年中,共开设了5次公开课,全县的数学老师代表都参与听课,有时有500多人来听我讲课。

他开展"师徒结对"活动,带领每位援疆教师与学校老师签订《师徒结对协议书》,通过"结对"来带师魂、带师能、带师德,带动学校教师人人无私奉献,人人敬业爱岗,人人为人师表。跟他结对的有两位老师,分别是L老师和Y老师。这两位老师每次开设公开课前,陈老师都会帮助她们设计教学流程,寻找科学的教学方法。

他的徒弟L老师要参加全县小学优质课比赛,她抽到了"稍复杂的方程"这一课题。抽到这个课题的L老师非常紧张,她怕自己讲得不清楚,学生不能够很好地理解,达不到好的教学效果。这时陈老师主动提供帮助。他依据《义务教育数学课程标准》,来帮助L老师进行教学设计:寻找教学目标,找教学重难点,探索科学的教学方法。整个教学设计完成后,陈老师又开始帮助L老师磨课。通过L老师一次又一次的试讲,陈老师帮她找到不足之处,再一次又一次地修改教学设计,最后使教学效果达到最佳。

比赛当天,L 老师在陈老师的鼓励下,完美地完成了优质课比赛。评委们一致认为 L 老师的教学设计符合新课程理念,让所有人眼前一亮,最终 L 老师获得了第一名的好成绩。

> 师傅是我见过最有耐心、最有责任心的老师了。我们学校约 70% 的学生是维吾尔族。他们的母语是维语,汉语不是很好。师傅刚来的时候,讲话还带有口音,孩子们听不懂,他会不厌其烦地一遍又一遍地讲,直到孩子们听懂了为止。
>
> 师傅很有亲和力,没有架子。每当我有公开课或参与教学比赛时,他都会帮我设计教学流程,帮我想适用的、科学的教学方法。每当我在演练教学过程时,师傅会一遍又一遍认真地听,发现我的问题,然后给予我适当地指导。每当我有困惑时,觉得有不合适的地方,可以随时找他,他都会第一时间给我建议。在这过程中,师傅从未表现出不耐烦的情绪。我在全县小学优质课比赛中能够取得第一名的好成绩,多亏了师傅的指导。从师傅的身上,我也学习到了很多,师傅就是我最好的榜样。

除了自己结对的两位老师以外,其他数学老师上公开课时,只要需要陈老师指导,他都会尽全力帮助。每位教师上完公开课后,在集体评议环节他都会给他们提出中肯的意见和建议。

就是这样一位有责任、有爱心的好老师,得到了大家一致的认可。在离开前,陈老师教过的学生们把他团团围住,依依不舍,希望老师再来新疆。同校的老师们这样评价他:

> 陈老师工作最认真,不管是本地老师还是援疆老师,我最佩服他。
>
> 他每天都来得很早,工作最负责。

克服了重重困难后,陈老师圆满地完成了他的援疆支教任务,并获得 A 省"优秀援疆老师"的荣誉称号。

四、回城:延续扶贫精神的名师校长

(一)"教育是一份幸福的职业"

一年的援疆支教生活,陈老师看到了当地教师积极工作的精神状态,看到了他们爱岗敬业的精神,看到了他们对教育执着的精神。当地的工作环境和办学条件都比不上内地,但当地的教师凭着对教育事业的热爱,始终坚守在自己的岗位上。在新疆看到的一切对陈老师以后的教育工作产生了深刻的影响,更加坚定了他的教育信念。他对工作不再有怨言,他在教育中感受到了幸福。

我援疆回来以后,我工作更加努力,更加认真,更加热爱,因为我的参照是新疆教师,他们工作环境和办学条件都比我们差很多。我倍加珍惜自己的工作,我比任何时候都感觉到"教育是一份幸福的职业",我非常知足,所以,我工作更加认真,我对工作毫无怨言。因为我的参照物是新疆的老师,我比他们幸福得多,所以,援疆回来后,我对学生没有怨言,对工作没有怨言,更加加倍努力工作,忠实履行自己的职责,不辜负学生家长、党和国家对我的期望。

援疆回来后陈老师成为A省A市一所小学的副校长,从教师到学校管理者,身份发生变化,但是初心没有改变。他始终坚持"一切为了学生,为了学生的一切"的理念,将自己的爱全身心地奉献给学生,研究课堂教学,关爱每一位学生。他每天最早来到学校,中午不回家,而是留在办公室整理教案、批改作业,他将学生作业中的错误归类整理在自己的备课笔记上。学校下午2点上课,但他会提前进入教室,将全班同学的作业本发下去,当面批改作业。他说:

学生养成按时交作业、及时订正作业的好习惯非常重要,把每一天的学习任务完成好,时间久了,学习能力自然就会提升。

下午放学后,他经常留下来给能力较弱的孩子补缺补差或进行思想教育,一忙起来,他总是最后一个离开校园。

陈老师在我心中是一个一丝不苟、教学认真的老师,他每天早上都会到班级为我们查缺补漏,而且陈老师的课程非常有趣味性,他总会把题目中的问题进行实物操作,让我们更容易懂得写这道题的解决方法。

——学生1对陈老师评价

他平易近人,我们都很喜欢上他的课,每天早上和中午他都会帮助我们补缺补差,纠正我们作业中的漏洞,他在批改作业的时候也非常仔细。

——学生2对陈老师评价

关注学生成长的同时,陈老师也在不断地提高自己的教师专业水平。他积极向名师专家学习,同时加强对教材的研究。他说:

作为一名小学教师,我把小学各年级的所有教材都认真研究了一遍,首先要做到心中有数,然后渐渐地做到充分把握,最后形成一定的教感,掌握一定的教学方法。

教师的实践经验是丰富的、独特的,把理论知识转化为实践经验需要教师的不断探索和学习。将理论与实践相结合,在判断、反思的基础上生成新的认识,并再次指导实践。尽管陈老师的教学实践经验已经很丰富,但他也没有放弃学习,他不断地进行思考和研究,取得了丰硕的教研成果。

我积极承担各项课题研究工作,深入思考,在研究中解决教学中的问题,总结经验，形成新的教育理论、教学方法和教学模式，争做研究型和专家型教师。

对于教师而言，反思是教师把自己的教学过程作为思考的对象，对自己的教学行为、教学结果进行分析，进一步改进自己的教学实践，并使其更具合理性的过程。教师在长期的教学工作中掌握了大量的教学案例，拥有丰富的教学经验，这些经验具有个体化、不易言传和模仿的特点，是一种体现了教师个人特征和实践智慧的实践性知识，这些知识不易从他人那里直接获得，只能靠教师在实践中体验、感悟和反思。因此，教师对自己的教学实践的反思是教师专业发展的重要途径。陈老师就经常对自己的教学实践进行反思。他曾经说过：

教学是一门深奥的艺术，教学方式的改革不可能一蹴而就，越深入其中，就越发现有更多的问题需要继续探索。当面对同样的情境，不同的学生获取信息、发现问题的能力差异较大，如何培养学生敏锐的洞察力和善于提出问题的能力呢？《义务教育数学课程标准（2022年版）》强调核心素养导向，强调教学活动化，探究激励学习，无疑提升了对教师的要求，我们如何在热闹的教学形式背后，提高教学活动的实效性，如何将三类基本的核心素养（数学思维、数学眼光、数学语言）融入到结构化的教学内容中去，这些都是我们需要深入思考和研究的。

多年的教学实践中，陈老师结合自身实际不断探索，逐渐形成了自己的教学风格，教学水平实现里程碑式跨越。他教学语言生动幽默，教学方法灵活多样，教学形式丰富多彩。实施探究性学习，让学生理解数学知识和概念的形成过程。在数学教学过程中，他充分利用多媒体技术，向学生提供各种教学情境，将抽象的内容具体化和直观化。在他的课堂上，学生学得轻松，表示都喜欢上他的课。

（二）"影子工程"的示范引领

2016年陈老师所在区的教研室和人事科先后开展了两次"影子工程"活动，陈老师都积极报名参加，目前，他的徒弟遍布他所在区的所有农村小学。

在城市和农村老师之间要进行交流，还要进行义务送教下乡、师徒结对。支教是促进义务教育均衡发展的一个重要载体、一个重要的抓手。

我们到农村学校进行示范课讲演，希望在这个过程中，能促进农村教育的发展，促进义务教育均衡发展。

他严格按照"影子工程"活动方案开展"影子工程"活动，每个月都给徒弟开设示范课，到徒弟学校听他们的研讨课，指导徒弟撰写教案、批改学生作业和转化学困生等，风里来雨里去，陈老师定期开展研讨活动，将先进的教育理念带到农村学校，把有效的教学经验传递给他们，让自己的农村徒弟成为落实新课程改革的急先锋。

《义务教育数学课程标准（2022年版）》要求"促进信息技术与数学课程的融合"，陈老师紧扣新课标要求，开设了网络环境下的数学学科示范课——"复式条形统计图的认识"。上课时，他给学生创设了本班学生打篮球的活动，调动了学生学习积极性，让学生猜一猜是单手投球远还是双手投球远，学生对此展开了激烈的讨论。随后，他利用网络播放了七个同学单手投球和双手投球的数据，并引导学生收集整理数据。在此基础上，学生利用电脑绘制出了单式条形统计图和复式条形统计图，找出了两种统计图的区别，明确了复式条形统计图的特点。学生观看由电脑绘制的复式条形统计图，通过比较数据得出结论——单手投球比双手投球的距离要远。紧接着，陈老师进行新知巩固，让学生利用电脑绘制2007—2012年学生营养不良和肥胖人数的复式条形统计图，在对比中发现：营养不良的学生数在下降，肥胖人数在增加，但后来肥胖人数又下降了。此外，学生还找出了出现这一情况的原因：原来随着生活条件的改善，人们越来越重视健康，于是人们开始锻炼，合理地进行膳食，确保自己身体健康，肥胖人数自然就减少了。课后，他的徒弟及听课教师对这节课评价：

> 陈老师积极探索创新，将现代信息技术与小学教学有机结合，为学生的学习提供了一种新的学习方式，激发了学生的学习兴趣，调动了学生学习积极性，提高了课堂教学效率，同时，培养了学生使用现代技术设备进行网络学习的能力。在数学学科教学中，他渗透了良好行为习惯的养成教育和健康知识普及，鼓励大家积极参加体育锻炼，均衡营养摄入（营养少了会造成营养不良，营养过剩会造成身体发胖）。学生收获很多，听课老师收获也很多。

图6-5 陈老师"复式条形统计图的认识"上课实录

为了带动农村学校的发展，促进农村学校青年教师的专业化发展，让新的教育理念和新课程改革的方针在农村学校落地生根,陈老师一直这样坚持着,一直这样做着。他采取多种途径对青年教师进行培养,他培养的一大批青年教师的课堂教学和教育教学论文都获了奖。他所支教学校的老师这样评价他:

> 他为人非常随和,我们有问题向他请教时,他也会非常耐心、细心、细致地给我们解答,从导入到新课到习题,再从语言到肢体动作,给了我们全方位的指导。

党的二十大报告指出,我国已经完成了脱贫攻坚任务,进入到后脱贫时代。进入后脱贫时代,要"巩固拓展脱贫攻坚成果","全面推进乡村振兴"。乡村教育是乡村振兴的一个重要组成部分,乡村振兴离不开教育地推动。但目前我国乡村教育还存在很多问题,因此,陈老师一直牵挂着乡村教育,牵挂着乡村孩子的教育问题。

> 打赢脱贫攻坚战以后,我们要巩固脱贫攻坚战的成果。要让贫困地区有学可上,避免中途失学或产生更多的失学者,一定要让他们完成九年义务教育或者接受更好的高专教育。那么我们作为教育负责人,一定要履行好自己的职责,创造性地把这项成果做得更加扎实。那么如何巩固脱贫攻坚的这个成果呢?一个方面是政府、学校加大教育投入,另一个方面是老师们要积极引导孩子们热爱学习、喜爱学习,认识到学习的重要意义。我们要尽其所能地帮助他们克服学习过程中遇到的各种困难。

(三)名师工作室的专业辐射

名师工作室是新时期基础教育改革发展过程中出现的一种被热切关注的新模式,以名师为引领,以学科教学、德育工作为纽带,以研究为核心,跨区域、跨学校合作的教师合作成长的共同体。名师工作室有助于构建教师专业发展的实践体系,深化教师教育的理论研究。主要优势在于拓展名师自我发展空间、培养和培训优秀教师、开展专项课题研究、推广教育教学成果、开发与整合优质教育资源。

陈老师所在的学校为了发挥本校名师的示范引领作用,打造一支有成就、有影响的教师团队,培养更多的骨干教师,于2017年成立了名师工作室。工作室以教学为主阵地,以教科研为突破口,以培训为驱动力,立足教学实际,聚焦专业发展,打造教师培养的基地、名师展示的舞台、教学示范的窗口、科研兴教的引擎,并通过开展一系列行之有效的理论学习、教学研讨、主题活动、课题研究等,进行教育教学理论和实践研究。

作为名师工作室的主持人,为了发挥名师工作室的作用,陈老师充分利用各种资源帮助学校的年轻教师,让他们从一个刚出茅庐的新手慢慢变成一名合格的教师,最后蝶变成一名优秀的教师。

年轻教师缺乏实践的经验,所以说,我们有责任将自己一些比较好的、有效的教学经验传授给他们。我要认真履行作为一名优秀教师的职责。

2020年,在他的指导下,该校青年教师Z老师荣获A市第三届小学课外阅读指导课评比中荣获一等奖。同年,青年教师Y老师在A省举行的义务教育"三科":国家统编教材优质课评选活动中,荣获二等奖。

作为数学学科带头人,作为名师工作室主持人的陈老师将自己教学理论和经验进行总结,最终形成十多篇教育教学论文,并先后在国家级中文核心期刊上发表。除了自己担任课题研究负责人之外,他还带领全校教师深入开展课题研究。近年来,在陈老师的带领下,在名师工作室的支持下,陈老师所在的学校省级课题如雨后春笋般,一个接一个。2019年10月,主持的省级课题《基于网络平台下微课程开发与应用的校本研究》和《数学课堂教学实施探究性学习研究》按期结题。2021年12月,主持的省级课题《信息技术与小学数学教学融合的研究》结题。2022年2月,主持的省级课题《基于"互联网+技术"环境下的小学生数学核心素养培养的策略研究》正在按照课题研究方案进行课题研究。此外,他还组织学校教师开展省级课题《智慧校园环境下培养小学生科学创新精神和探究能力的研究》。

同校的数学教研组组长这样评价陈老师:

> 每个课题的立项都离不开陈老师的帮助,他敏锐地抓住了我们小学数学课题研究的方向。同时在平时的课题研究当中,陈老师会指导我们,我非常感谢有这位老师在我们研究路上,给我们引路、指路。

与此同时,陈老师通过A省基础教育资源应用平台上的名师工作室平台和腾讯会议,组织本名师工作室的成员互相讨论交流、观课议课、展课评课、疑难问题解决、难教难学教材研讨、送教下乡、读书沙龙等各种形式的交流活动,展示本工作室成员精彩纷呈的教学风采,促进本工作室成员进行教学思想、教学理念和教学经验的交流,同时也把各自的教学理念、实践经验、优秀成果在推广过程中与他人交流与分享,促进大家教育教学水平的提高。

2023年3月,由名师工作室牵头举办了题为《"双减"背景下小学数学课堂教学提质增效的策略论坛和数学课堂教学实施探究性专题讲座》。陈老师是讲座主持人,也是讲座主讲人,他提出双减背景下,教师教学如何提质增效的各种策略,保证学生校内有效学习。在"双减"的背景下,数学教师应当保持"不忘初心,忠于课堂,源于兴趣,回归生活"的课堂教学理念,希望学生通过兴趣能够热爱数学,将数学生活化,将数学应用自如满足生活的需要。参与这次讲座的其他学校教师表示:

> 感谢C名师工作室为我校老师搭建了互相交流的平台,从而能够更好地提高校内教研,将更多的教学方法和信息与我校其他老师分享,为日后教学指明方向,激励他们前行。

图 6-6 "名师工作室"交流平台现场

(四)"远程援疆"让教育扶贫成为终生事业

从新疆支教回来后,陈老师一直心系着新疆和新疆的教育事业。2021年为进一步推进皮山教育公平与优质发展,皮山县委、县政府优化全县学校布局,整合优质教育资源,成立了九年一贯制学校——皮山县安徽实验学校。陈老师得知消息后,非常高兴。他主动与皮山县安徽实验学校进行联系,利用现代媒体技术,开启了"远程援疆"的教育模式。

图 6-7 皮山县安徽实验学校

2022年4月,他借助专递课堂设备和技术条件,采用备课组"点对点"帮扶的方式,开展两校远程集体备课活动。

皮山县安徽实验学校的数学老师认真观摩了全过程,并对这次活动给予了高度评价:

> 通过本次观摩学习,让我收获颇丰,为以后我校教学活动举办提供了方向,也让我找到了自身的差距,以后要积极学习,加强教师间的交流,不断提高个人的教学能力。最后,感谢S小学提供的本次观摩机会,希望以后能加强交流,为我们教学质量提升提供帮助。
>
> 这种集体教研的方式新颖独特,让每一位教师都能参与其中,享受其中的乐趣。对于我这种青年教师来说,这种方式的集体教研活动更能让我得到锻炼与成长。通过这次活动,我们的教研组也变得更加和谐,更加有默契,以便于更好地完成我们的工作。总之,这种教研活动的开展有效地促进了青年教师的成长,使我们在教学上变得成熟、沉稳,也激励着我们进步发展。

活动结束后,陈老师表示以后会继续开展这样的教学活动,将此类活动系列化、常态化,并希望把皮山县安徽实验学校打造成铸牢中华民族共同体意识教育基地、爱国主义教育基地、素质教育基地、智慧教育基地、依法治校基地和安徽援疆的窗口。

在数智时代背景下,"互联网+技术"与教育扶贫有机结合促成优质教育资源的跨时空供给,赋予教育援疆新的发展模式,援疆也成了陈老师的终身事业。一次援疆路,终生援疆情,援疆的工作有意义也很快乐,陈老师生命中有这样的一段经历,人生不悔。在未来,陈老师表示,将延续扶贫精神,继续走在教育扶贫的第一线。

润物无声,春风化雨。桃李无言,下自成蹊。从教33年来,陈老师牢记初心,辛勤耕耘。教师的工作很平凡,但是他在平凡的岗位上作出了不平凡的事情。陈老师作为一名优秀的教师,他甘愿做一颗牢固的螺丝钉,履职尽责,努力做好自己的本职工作,扎扎实实地工作,站好每一天的岗。

五、结语

本案例中,陈老师从小受到作为乡村教师的父亲的影响,从而走上了教师之路,父亲的坚守与奉献就像一盏人生的航标灯,一直照亮着 陈老师,在他人生中四次角色转变无不体现了父亲的精神影响,如果说父亲的教育情怀是基于原始的教师情意,即不让乡村孩子没学上,那么,陈老师在经历了三次教育扶贫之路后,他的专业情意开始与家国情怀相连,从放弃教了十几年的语文教师转为数学教师,到放弃城市生活选择乡村支教,然后从乡村支教到远赴西部援疆,最后从西部回归城市,借助数智赋能远程援疆,实现终生援疆的理想。他的教育角色也经历了:教师——教育扶贫的先行者——校长——名师——终生援疆者。然而,在陈老师的人生数段经历中,无时无刻不体现着教师的专业情意,即奉献与热爱、坚持与创新、责任与努力,最终凝华为教师专业理想:教育是一份幸福的职业!我们在理解教师专业发展理论时,常常会从现象学的角度观察教师身份和角色的转变,却忽略了教师作为"人"的精神转变;我们常常从传统教育学理论的教师专业知识、专业能力等方面研究教师专业成长,却忽视了教师专业情意对教师的发展何其重要;我们常常关注教师专业成长中的个人变化,却忽视了时代精神、政策背景、教育环境等因素对教师专业发展的影响。这些都是值得我们深思的。

第二节 《一位援疆教师的教育扶贫之路》教学指导手册

一、教学目标

1. 适用课程

教师专业发展、教师职业道德、小学教学名师专题研究。

2. 教学对象

中小学教师,教育行政人员,教师教育专业本科生、硕士生和博士生,小学教育专业本科(硕士)生,中小学校长。

3. 具体教学目标

(1)培养学生的教育情意,了解教师专业情意的内容和意义。

(2)掌握教师角色的内涵,结合案例分析"教育扶贫的先行者"这一新的教师角色特点、使命、意义。

(3)让学生掌握新时代中国教育扶贫理论、教师专业发展理论、教师协同学习共同体理论的生成逻辑、核心要义及价值旨归。

(4)熟悉教育援疆政策,理解援疆教师群体在全面推进乡村振兴和全面脱贫中发挥的重要作用。

(5)引导学生对教师专业发展阶段、路径、影响因素等进行深入学习和探讨。

二、启发思考题

(1)请结合案例中的"关键事件",谈一谈陈老师经历了哪几次教师角色转变,并分析教师角色转变的原因及影响因素。

(2) 请结合教师专业发展理论,分析教师的专业情意在陈老师的教育扶贫之路中的生成逻辑。

(3) 在数智赋能的新时代,讨论"留下一支带不走的教师队伍"的教育意蕴及未来可能路径。

(4) 请结合中国教育扶贫理论,谈一谈你对援疆教师群体作为"教育扶贫的先行者"的理解,并阐释其在乡村振兴和全面脱贫中的作用。

(5) 请分析陈老师的教、学、做、思、行专业成长实践给我们的启示。

三、分析思路

习近平总书记曾说过,"扶贫必扶智,让贫困地区的孩子们接受良好教育,是扶贫开发的重要任务,也是阻断贫困代际传递的重要途径。"教育援疆就是在中国教育扶贫理论指导下进行的典型教育扶贫实践,援疆教师也是新时代背景下涌现出的新的教师角色。援疆教师专业发展与其他教师专业发展有什么不同?教师的专业发展离不开政策、环境、教育、时代等因素的影响。该案例通过对陈老师的成长经历和援疆经历的梳理,形成教育扶贫故事,从中探究教师专业情意在教师不同的专业发展阶段中发挥的作用。中国教育扶贫理论、教师专业发展理论、教师专业情意理论、教师角色理论以及教师协同学习共同体理论等是解读案例的重要抓手,通过学习该案例也可以让学生更好地掌握这些理论。

四、案例分析

(一)案例回顾

案例的主人公陈老师是一名援疆的小学数学教师,也是一位名师和小学校长。案例围绕陈老师30年的教师专业发展,讲述了四段"教育扶贫"的故事。

1. 扶贫故事一——3千米的故事

从山下到山上的教育扫盲之路。陈老师的父亲作为一名乡村小学教师,为了解决20户山上住户孩子教育问题,毅然从山下的花山乡小学主动要求支援山上由破庙改建的小学。

2. 扶贫故事二——13千米的故事

从城市到乡村的教育支教故事。2006年8月至2007年8月,陈老师主动要求到乡村小学大观区山口中心学校支教一年。在支援村小期间,由于数学教师缺乏,他毅然从语文教师转为数学教师,并用爱去温暖留守儿童,依托乡村学校现实问题,融合乡土文化进行校本教研改革。

3. 扶贫故事三——4000千米的故事

从内陆到新疆的教育援疆故事。2012年8月至2013年8月,作为一名援疆教师,其间,尽管他经历了地震、沙尘暴的生死考验、也经历了生病、思乡等心理考验,但他一直默默坚守,通过"拜师""结对子""一帮一"等活动,发挥"种子""催化"及"示范"作用,培养了一支带不走的教师队伍。

4. 扶贫故事四——零距离的故事

历经援疆之路,陈老师深刻感悟到:教育是一份幸福的职业。回城后,他一方面通过远程援疆的方式,继续书写播种诗和远方的远程援疆的故事。另一方面,通过"影子工程"和名师工作室的专业辐射延续扶贫精神,继续帮扶年轻教师的专业成长。援疆故事无缝衔接,扶贫经历零距离延展。

案例以陈老师的四段教育扶贫之路为显性主线,以陈老师三次职业反思为隐性主线,通过梳理陈老师专业成长中的关键事件,分析教师专业情意在不同的专业发展阶段所起到的作用,在中国教育扶贫理论指导下,在教育援疆政策背景下,分析"教育扶贫的先行者"这一新的教师角色的特点、使命及其在乡村振兴和全面脱贫中的作用,通过陈老师的教、学、做、思、行的专业成长实践启迪我们更深入地理解中国式教育现代化的新时代背景下教师专业发展的新内涵。

(二)理论基础1:教师专业发展理论

1. 教师的专业情意

教师专业情意是指教师对教育事业的情感态度和价值观的融合,是教师职业道德的集中体现,也是教师专业发展的根本动力。

我国学者李琼等人从"情感"原点出发,将教师专业情意解构为准备状态的"专业性向"、目标状态的"专业理想"、满足状态的"专业自我"和发展过程中形成的较为稳定的"专业情操"四个维度。如图6-8所示。

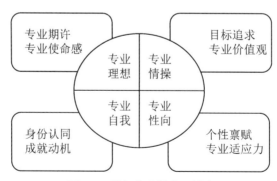

图6-8 教师专业情意四维表

2. 教师专业发展阶段论

富勒和布朗根据教师所关注的焦点问题,把教师的发展分为四个阶段:任教前的关注阶段、关注生存阶段、关注情境阶段、关注学生阶段。每个阶段都有不同的发展特征,如图6-9所示。

图 6-9 教师专业发展阶段

(三) 理论基础 2：中国教育扶贫理论

中国教育扶贫理论是以教育看待贫困而形成独特的范畴体系，它以教育解释贫困，也是以教育治理贫困。以教育治理贫困具有其他治贫方式所不具备的独特价值，即彻底性与未来性。中国教育扶贫理论坚持教育学立场、突出"人民中心"取向、具有强烈的"开发"意识、宏伟的社会政治抱负。在未来走向上，中国教育扶贫理论的研究重点将从扶贫到防止返贫、新发贫困；从扶绝对贫困转向扶相对贫困；从教育扶贫接续乡村教育振兴。中国教育扶贫理论如图 6-10 所示。

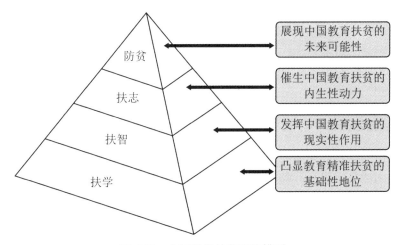

图 6-10 中国教育扶贫理论模型

而"教育援疆，智力援疆"是中国教育扶贫理论在实践中的典型做法。党中央、国务院一直高度重视对口援疆工作，先后于 2016 年 5 月印发《国务院办公厅关于加快中西部教育发展的指导意见》、2017 年 12 月教育部等四部门联合印发《援藏援疆万名教师支教计划实施方案》、2020 年 9 月 25 至 26 日召开第三次中央新疆工作座谈会、2021 年 12 月教育部等四部门联合印发《关于开展"组团式"援疆教育人才选派工作的通知》等颁布了一系列相关政策文件。

(四) 理论基础 3：教师的角色理论

教师角色指社会对教师职能和地位的期望和要求，它规定了教师在教育情境中所应该表现的心理和行为方式。教师角色既代表教师个体在社会群体中的地位与身份,也包含着社会所期望于教师个人表现的行为模式。

在中国式教育现代化的时代背景下,教师角色还会呈现新的特点:① 学生发展的引导者;② 知识体系的组织者;③ 教育扶贫的先行者;④ 教育教学的研究者;⑤ 不断发展的学习者。如图 6-11 所示。

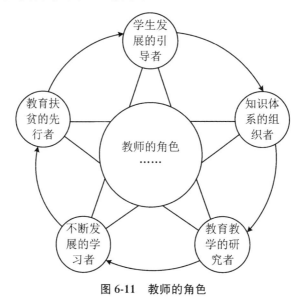

图 6-11　教师的角色

(五) 理论基础 4:教师协同学习共同体理论

教师协同学习共同体的关键词:一是协同学习,二是教师学习共同体。教师协同学习共同体是以提高教师专业知识和技能为目的,围绕真实的教育教学实践问题,以协同原则为指导,整合学习中各种要素进行深度学习的组织系统。

教师协同学习共同体具有以下特征:① 深度学习;② 对话合作;③ 混合学习;④ 创生知识。如图 6-12 所示。

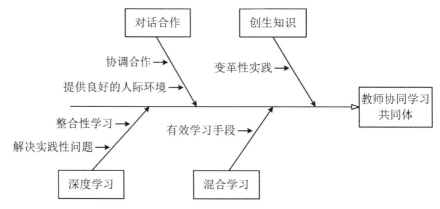

图 6-12　教师协同学习共同体的特征

（六）理论在案例中的渗透

1. 教师专业情意

（1）专业理想。

案例中的陈老师专业期许体现在：从童年时期就深受做乡村教师的父亲的深刻影响，一直怀揣着做一位像其父亲那样优秀教师的远大梦想，并考入师范院校，为实现自己的教师梦而奋斗。在近30年的教师生涯中，他有着浓浓的专业使命感，他始终坚守教育情怀，在不同的教育环境中锻造教师专业情意；面对困境时，他始终坚守着自己的教育信念，一切为了学生，尽自己的义务和责任，为教育事业奋斗着。

（2）专业情操。

陈老师的目标追求体现在：在主持名师工作室期间，为了发挥本校名师的示范引领作用，打造一支有成就、有影响的教师团队，培养更多的骨干教师，他制定并开展了一系列行之有效的理论学习、教学研讨、主题活动、课题研究等教育教学理论和实践研究。其专业价值观体现在：在援疆期间，陈老师在生病、遭遇地震、沙尘暴恶劣天气等时，虽想家，却依然坚守，因为党和人民交给他的任务他还未完成，最终是理想和信念支撑他圆满完成援疆支教工作。

（3）专业方向。

陈老师有着较高个性禀赋，他对教育教学有着较高的敏感性，能敏锐地抓住小学数学课题研究方向，他还愿意与其他老师进行积极交流，如开讲座，分享自己的教学经验。在专业适应能力方面，他面对乡村小学的孩子知识面比较狭窄、思维不够活跃、接受能力不是很强，尽管自己尽心尽力的讲解，但孩子们仍旧听得云里雾里，无法积极、主动地投入学习，课堂气氛沉闷时，他积极进行教学反思，并借助当地乡土资源，把农村孩子的现实生活搬进教材，开展生活化教学。

（4）专业自我。

在身份认同方面，陈老师一直坚守着自己的教学岗位，利用午休时间批改作业，利用课余时间给学生补缺补差，他深知自己作为一名教师的职责之一是帮助学生克服学习困难；同时他积极开展教学研究，先后发表了数十篇教育教学论文，并积极开展课题研究。陈老师在经历两次教育扶贫之后，更加坚定了自己的教育信念。回来以后，他对工作更加努力，更加认真，更加热爱，他感受到了教育是一份幸福的职业，并以高标准来要求自己。他还开展了"影子工程"和开办名师工作室等，为培养出更多的优秀青年教师尽一份力，力求取得事业成功为目标获得成就动机。

2. 教师专业发展阶段论

案例中，陈老师身受其父亲乡村教育的影响，立志成为一名教师，考入师范院校，为实现自己的教师梦而奋斗。此时，陈老师就处于任教前的关注阶段。陈老师注重教学情境的创设,在上课前会做好各种准备,如准备好教育用具、将书上的习题提前抄写到小黑板上等,体现了其进入了关注教学情境的阶段。陈老师在援疆期间花费大量的时间了解学生,根据学生的实际情况,因材施教;利用课余时间给学生补缺补差或进行思想教育;利用中午时间,批改作业,下午上课之前到教室,面对面地批改、订正作业,培养学生良好的学习习惯等,都体现了陈老师进入关注学生的阶段。

3. 中国教育扶贫理论

案例中,陈老师一直秉持中国教育扶贫理论中的"治贫先治愚""扶贫必扶智""扶贫先扶志"的理念。为了提高乡村数学教育质量,他毅然决然地从语文教师转变为数学教师,帮助农村地区教育事业得到优质发展。为了阻止贫困的代际传递,陈老师在援疆期间通过"拜师""结对子""一帮一"等活动,发挥"种子""催化"及"示范"作用,培养带不走的师资队伍。为了防止返贫、新发贫困,他回归城市后,通过"影子工程"和名师工作室的专业辐射延续扶贫精神。

4. 教师角色理论

(1) 学生发展的引导者。

陈老师秉着一切为了学生的教育理念,他关心每位学生的成长,利用课余时间给学生补缺补差,对学生进行思想教育。他用爱温暖留守儿童,将爱的种子撒在新疆孩子的心中。

(2) 知识体系的组织者。

陈老师在村小进行支教的一年里,结合当地的学情,利用当地的乡土资源,开发适合本土学生的课程资源,并借助乡土资源开展生活化教学,引导学生收获数学知识,掌握数学方法,运用数学思维发现并解决问题。

(3) 共生关系的对话者。

陈老师在教育教学过程中,尊重学生,爱护学生,在援疆期间,他为了尽快融入到孩子们中间,课间休息时与孩子们一起跳舞;每天提前去班级,与学生们一起打扫卫生……正是陈老师真心地付出,赢得了学生们的尊重。

(4) 教育教学的研究者。

陈老师在进行教育教学的同时,他不断地进行思考和研究,在实践层面与理论展开对话,在判断反思的基础上生成自己的理性认识,形成实践理论,并取得了丰硕的成果。他发表数十篇教学论文,带领全校教师进行课题研究,成为了一名真正的教育教学研究者。

(5) 不断发展的学习者。

陈老师在关注学生的成长同时,也在不断地进行学习,并不断提高自己的教师专业水平。他积极向名师专家学习,同时加强对教材的研究。他积极学习最新的教育理论、教育政策,并进行深入的思考与研究,运用到教学中。

(6) 教育扶贫的先行者。

习近平在给"国培计划(二〇一四)"北师大贵州研修班参训教师回信中强调，"发展教育事业，广大教师责任重大、使命光荣。希望你们牢记使命、不忘初衷，扎根西部、服务学生，努力做教育改革的奋进者、教育扶贫的先行者、学生成长的引导者，为贫困地区教育事业发展、为祖国下一代健康成长继续作出自己的贡献。"陈老师的援疆经历体现了他作为教育扶贫先行者的特质。

5. 教师协同学习共同体理论

(1) 深度学习。

陈老师所在的名师工作室的教师们对学科知识、技能、信息等进行整合，对教学实践经验进行总结，展开实践与理论对话，在判断反思的基础上生成自己的理性认识，并形成实践理论，以更好地解决教学中的问题。

(2) 对话合作。

陈老师在援疆期间，为了留下一支带不走的支教队伍，他倡导支教教师与当地教师签订"师徒结对"协议，与当地学校进行合作；为了培养更多的乡村优秀青年教师，他积极参与大观区的"影子工程"，利用名师工作室这个平台与乡村学校进行合作。他们相互尊重、信任，互相帮助，为了共同的目标而奋斗着。

(3) 混合学习。

陈老师所在的名师工作室除了采取开展观课议课、展课评课、疑难问题解决、难教难学教材研讨、送教下乡、读书沙龙等线下活动，还积极利用 A 省基础教育资源应用平台上的名师工作室平台和腾讯会议等形式线上交流。采用混合学习的方式，进行教学思想、教学理念和教学经验交流，同时也把各自的教学理念、实践经验、优秀成果在推广过程中与他人交流与分享，促进彼此教育教学水平的提高。

(4) 创生知识。

教师的学习具有情境性。在师徒结对的过程中，徒弟的学习既不是直接接受知识，也不是观察模仿，而是与师父和其他成员一起参与实践活动的过程。陈老师并不是简单地将自己的知识、教学经验等传递给自己的徒弟，而是引导徒弟在参与教学活动的过程中，去发掘、组织和整合情境中的知识成分，生成新的知识。并内化知识运用到教学实践中。

五、课堂设计

(1) 教学准备：案例资料、多媒体等。

(2) 教学方法：小组讨论、课堂展示等方式；案例教学讨论为主，教师点评为辅。

(3) 适合人数：30~45 人。

(4) 具体课堂设计：详见表6-1。

表 6-1　具体课堂设计

教学活动安排	教学内容	教学形式	课时安排	教学准备
课前调研及课前阅读	① 了解学情，课前通过问卷、访谈等方式提前调查学生对教育扶贫、援疆了解情况以及是否有意愿参与支教等	问卷调查	0.5	① 准备调查问卷 ② 准备访谈提纲 ③ 了解教育扶贫、教育援疆相关政策信息
	② 介绍我国教育扶贫、援疆等相关政策，让学生对教育扶贫、援疆有初步了解	课堂展示	0.5	
	③ 学生提前预习案例及相关参考文献，掌握相关知识点和能力点	自主学习	1	
课中分析及研讨	① 按照"上山：父亲的乡村教育之路—下乡：支援村小的乡村教师—援疆：奉献西部的教育扶贫者—回城：延续扶贫精神的名师校长"四个阶段将学生分为8个小组（每个阶段安排2个小组）进行组内讨论	分组讨论	0.5	① 选择适当场地 ② 合理分组 ③ 布置讨论场地 ④ 准备讨论提纲和点评资料 ⑤ 准备讨论记录表
	② 每2组就讨论的共同话题，两两分为一大组，进行组间讨论，对案例形成更为全面的认识	组间讨论	0.5	
	③ 大组讨论：从4个阶段中形成的观点，在班内进行展示、交流、讨论，帮助班级其他同学对案例形成整体认识	观点报告	0.5	
	④ 教师对讨论情况进行点评与总结	点评总结	0.5	
课后回顾及拓展	① 课后布置学生撰写案例学习心得，并通过在线发布方式开展交流	在线发布	1	准备在线发言提纲
	② 实践：组织学生开展"帮扶计划"、农村支教等教育活动，让学生亲自体验教育扶贫的措施、意义等	教育实践	2	① 制订活动计划 ② 选择合适的实践场地

（5）组织引导。

一是教师清晰地布置任务，明确预习要求。

二是为学习者提供相关理论材料、案例材料及相关的照片和视频。

（6）活动设计建议。

一是提前两周布置阅读任务，包括案例文本和理论文献。

二是组织学生在适合分组讨论的教室上课，要求课后每个小组提交小组讨论记录表,包括主讲人及小组成员的发言记录和综合的观点。指定一位学生做好录音工作。教师准备好点评的资料和提纲。

三是在课后,教师要及时做好教学反思,以便对后续课堂教学进行有效完善。同时,教师要及时对学生提交的总结报告给予反馈,并鼓励小组内部及不同小组间对总结报告作出自评与互评。

六、要点汇总

1. 相关理论

教师情意理论、教师的专业发展理论、中国教育扶贫理论、教师角色理论、教师协同学习共同体理论。

2. 关键知识点

教师专业情意、教师专业发展阶段论、中国教育扶贫理论、"教育扶贫的先行者"、教师协同学习共同体、数智赋能时代下的远程援疆。

3. 关键能力点

概括提炼能力、反思监控能力、叙事研究能力。

4. 案例启示

(1) 教师专业发展不仅体现在教师专业知识和教师专业能力的发展,更体现在教师从专业情意到专业理想的成长过程。

(2) 教师专业情意是教师专业发展的内生动力。

(3) 中国教育扶贫理论坚持教育学立场、突出"人民中心"取向、具有强烈的"开发"意识、宏伟的社会政治抱负。在未来走向上,中国教育扶贫理论的研究重点将从扶贫到防止返贫、新发贫困;从扶绝对贫困转向扶相对贫困;从教育扶贫接续乡村教育振兴。

(4) "教育扶贫的先行者"是新的教师角色,其独特的使命是"教育阻断贫困代际传递"。

(5) 数智赋能时代,远程援疆实现了援疆教师将教育扶贫作为终身事业的教育理想。

(6) 教师协同学习共同体是教师专业发展的新范式。

七、推荐阅读

(1) 1984年由教育科学出版社出版的《给教师的建议》(作者:瓦·阿.苏霍姆林斯基)。

(2) 2001年由教育科学出版社出版的《教师角色与教师发展新探》(作者:叶澜、白益民、王枬、陶志琼)。

(3) 2003年由人民教育出版社出版的《教师专业化的理论与实践(修订版)》(作者:教育部师范教育司)。

(4) 2020年由教育科学出版社出版的《声音与经验:教育叙事探究》(第2版)(作者:丁钢)。

(5) 2021年由吉林文史出版社出版的《教育扶贫理论探索与实践》(作者:刘云)。

(6) 李琼、董小玉于2021年发表的论文《教育技术学教师专业情意的模型建构及量表编制》。

(7) 雷云、赵喻杰于2021年发表的论文《以教育看待贫困——中国教育扶贫理论建构及未来路向》。

第七章 教育理论研究前沿

【学习目标】
(1) 理解教师作为有机知识分子的为何与何为。
(2) 理解教师作为批判性思维教育者的为何与何为。
(3) 理解教师作为数字移民的为何与何为。

随着"第四次工业革命"拉开帷幕,人类模拟自身而发明的人工智能的出现,激发了人类反思和探索人类智能的好奇心。人们发现,工业革命的伟大力量不仅促进了人类改变世界的物质手段的进步,更影响到人类的意识、精神以及外部行为表现。因此,人类必须关注在变化了的新处境中,如何适应环境,塑造自己,从而积极发展。那么,作为人类群体之一的广大教师,自然离不开大环境的影响,也必然被打上时代烙印。在此背景下,教育理论研究前沿中教师角色发生了什么样的变化?本章节通过教师作为有机知识分子、批判性思维的教育者与数字移民为何与何为,详细论述教育理论研究前沿中教师的角色变革。

第一节 教师作为有机知识分子:为何与何为

一、为何:教师作为有机知识分子的应然之意

葛兰西的有机知识分子理论有其独到之处,具有较好的理论解释力,同时只有进行恰当地本土对接,才能更好契合我国教师的定位和发展的实际,形成更好的实践指导力。在中共中央、国务院《关于全面深化新时代教师队伍建设改革的意见》指出,要强化教师的社会实践,使他们对党、国家、社情、民情有更深刻的认识,使他们更好地了解党、国家、社情、民情,更好地为他们服务。以青年教师群体的特征为中心,在工作上为他们提供良好的工作环境,在生活上给予他们足够的关怀,让他

们的思想政治工作更加的接地、更加的深入人心。教师是在社会场域内与生俱来、共同发展并趋于完善的"专业人士",①这种社会角色的解读完全切合有机知识分子的一般特征和基本要求。用葛兰西有机知识分子理论重新解读教师社会角色的基本意蕴,提炼教师与社会精神或物质利益的有机联系,具有较强的适切性。

(一) 有机知识分子与教师:社会关系与大众情感的代表

有机知识分子是大众在社会呐喊的代言人和代表者,以自己的作品为媒介积极为大众发声。葛兰西指出:"任何在争取统治地位的集团所具有的重要的特征之一,就是它为同化和'意识形态'上征服传统知识分子在作斗争,该集团越是同时成功地构造其有机的知识分子,这种同化和征服便越快捷、越有效。"②教师也是作为社会关系的代表者这一身份存在的。③ 首先从理论逻辑上分析,学校教师是受社会的委托来教育受教育者,要求教师要有明确的身份意识,积极投入到社会公共实践,既坚持公平公正地传达社会的要求,也不唯社会强权和支配阶层的意见是从。③其次,教师与教育变革的大趋势密切相关,教育变革是一部教师生成性转型的进化史,只有在教师的观念、态度和行为发生变化的时候,改革的效果才会显现出来。最后,教师在社会关系中起到价值引领的作用。社会的转型需要新的价值取向与之相适应,新的价值取向要为所属群体掌握需要借用多种方式传递、传播……教育拥有得天独厚的条件。④教师同"大众社会""政治社会"有着千丝万缕的联系,他们从纯知识领域跨越到社会道德和价值领域,体现在教师能够有机融入大众之中,构成与大众之间的互补关系。

有机知识分子与教师是维系大众情感的桥梁。有机知识分子在大众社会中表现出的亲民性,即与大众之间互相沟通,进行情感联系,进而成为大众情感的代表。在大众社会中,有机知识分子通过与大众进行有机性联系来实现社会整合功能和文化传播功能。教师代表大众情感体现如下:第一,基于美国的"情感教育范式"这一范式,认为教师的社会情感能直接为大众社会情感发展提供榜样力量。第二,在政治权力方面,教师的社会情感与大众紧密地联系在一起。对"士人不能不弘毅,任重而道远"的坚持,以及对"不义而富而贵,于我如过眼云烟"的感叹,显示了他们在教育和政治上的活跃,他们追求公平和正义,坚守自己的良知。

(二) 有机知识分子与教师:外在联系性的特征

有机知识分子的外在联系性有以下几种表现:首先,有机知识分子在理论上实现对大众的指导和教育。有机知识分子伊始就担负为社会和大众启蒙与教化功

---
① 郭兴举.论教师作为社会代表者:与吴康宁教授商榷[J].教育研究与实验,2003(1):6-8.
② 安东尼奥·葛兰西.狱中札记[M].曹雷雨,姜丽,张跣,译.北京:中国社会科学出版社,2000.240.
③ 郭兴举.论教师作为社会代表者:与吴康宁教授商榷[J].教育研究与实验,2003(1):6-8.
④ 郑金洲.教育文化学[M].北京:人民教育出版社,2000:179.

能,追求并确立具有普遍性意义的价值存在,是文化与价值的"立法者"和"裁决者"。其次,有机知识分子通过融入现实与大众实现互通有无。葛兰西分析了有机知识分子和大众不同的思维特点,认为有机知识分子的思维长于对抽象、规律事物的把握,而大众的特点是对感性、现象事物的理解。"普通人能感受,但并不总能认识和理解,有机知识分子能认识,但却不一定总能感受。"[①]所以,葛兰西一再强调有机知识分子要在大众中建立起深厚的感情基础,因为只有这样才能获得对现实的真实理解。

从横向联系来说,教师的外在联系性主要表现为师生之间的互动是一个动态的平衡。从传输路径上看,在任何一项教育活动中,已经掌握了文化领导权的教师都会将理论成果输出给大众,通过传播创造文化和将理论实践化来实现文化输出,逐步改变大众既有的文化与价值观,促使更多受教育者加入其中。从垂直关系而言,教师之间实现理论成果的递进性传承主要是通过依靠话语权的媒介。教师从传统中走向未来,连接古与今,承载今与史。教师内部在整个知识传承的过程中,理论知识经历了历时性发展,通过教育活动实现文化主导,并且通过与前辈教师的交相互动以保持自身的与时俱进,反映了教师的外在联系性。

(三)有机知识分子与教师:内在先进性的特征

有机知识分子的内在先进性表现为他们对当代生命和生活方式的内在反省和批判。[②]首先,有机知识分子通过创造大众文化奠定社会发展主基调,指引社会前进之方向。第一层含义是指创造和运用通俗文化,把现代科学与普通民众的教育融合到一起,引导着社会主流文化,引领社会发展,促进与普通民众的相互沟通,从而形成了一种共存的合力;第二层含义是对社会发展思想的传播与形成,他们将社会的思想传播开来,吸纳与融合各种理论,让民众在不知不觉中接受先进的思想,从而确保社会秩序与规则的高效运转,保持社会发展的稳定与进步。其次,有机知识分子具备从大众经验的土壤中吸取营养的技能,培育科学的反思批判之精神。理性批判精神体现了有机知识分子介入社会实践的努力,除了理论层面的介入,还有实践层面的介入。教师通过批判创新保持内在的先进。教师的内在先进性表现为教师通过自我批评和批判他人来寻求社会的全面解放与自我创新,还表现为发展学生的批判意识及抗争能力。将教师理解为批判者、反思性实践者和阐释者,只有基于实践反思的自主批判才是深度的先进性,才是有思想的先进性,才能内化于心。

---

① Forgaes D, Smith G F. Selections from cultural writings[M]. London: LAWRENCE&WISHART, 1998:342.
② 仰海峰.葛兰西论知识分子与霸权的建构[J].吉林大学社会科学学报,2006(6):88-95.

(四)有机知识分子与教师:"公共有机性"对"利益有机性"的超越

有机知识分子的"公共有机性"超越"利益有机性"。第一,有机知识分子超越"利益有机性"的表现之一就是既能置身于现实生活的政治、权力、经济的各种矛盾冲突之中,又能坚守住自己的理想和追求。作为一个社会团体,有机知识分子必然会与某些利益团体相关联,产生政治、经济关系,但是有机知识分子在现实生活中能够面对各种政治、权力、经济的矛盾,坚持自己的理想与追求。第二,有机知识分子把公共利益作为自己的指向,通过社会批判的方式来为公共利益服务,这也是他们对"利益有机性"的超越。

教师实现公共性对利益性的超越有以下三种表现:第一,教师"公共有机性"对"利益有机性"的超越以教师作为人师——道德的模范为前提。教师不因进入某一"利益有机体"中就把自身原有的理想、追求,对真理和理性的坚持都舍弃。第二,教师"公共有机性"超越"利益有机性"应强调教师作为经师——知识的象征的互惠。教师是"经师",是知识的象征。作为一个从传统中走来的群体,教师在漂泊中从传统的角色滤镜中冲出,扮演新的社会角色。第三,教师"公共有机性"超越"利益有机性"应关注教师作为能师——教育的专家的反思。教师是"能师",是教育的专家。巴黎会议上的《关于教师地位的建议》规定了教师的职业地位,主张把教育工作视为专门的职业,认为教师必须经过持续地学习、获得专门的知识和技术。[①] 教师是社会文化建设者,必须具备从事该专业所需要的知识和技能,通过对传统的批判,开创一种新的文化传统,这就是教师与社会联系保持纵向联系。

二、何为:教师作为有机知识分子的表征

教师作为新时代的有机知识分子,他们是社会文化的"先觉者",需要以高度的理论自觉来创新文化,宣传新时代文化思想。其作为从传统社会中走来的新兴阶级的代表,既要批判以往旧的常识,又要努力为大众传播新知识,并在社会中创造并传播新文化,体现有机的世界观与先进的社会主流意识形态,他们是社会代表者、价值判断者、独立人格承载者和行动批判者。

(一)教师是社会主流文化与价值互动的社会代表者

与社会主流文化和社会价值的互动是教师作为有机知识分子的基本表征。教师一路走来会受到社会主流文化嵌入及自主个性等复杂因素的影响。教师作为社会关系和大众情感的代表,这种表征主要是"在社会和历史因素的或多或少的作用下,形成的个人驱动力和满足需要的结构,即个人用来接触世界和他人的一种

---

① 刘微.教师专业化:世界教师教育发展的潮流[J].青年教师,2002(1):44-47.

'套路'"。此外,教师的社会地位既影响着他们的基本文化和价值观,也影响着他们对教育的价值认识和构建。从古至今,教师一直是社会主流价值观的守护者,而"学而优则仕"的阶级背景决定了他们在思想上的独立性和政治上的依赖性。在"德即学问"的今天,"从道"是读书人的思想境界,"从政"则是他们的实际境界和生存状态。我国古代的教师总是积极地与统治者合作,从而以社会思想家的身份阐发其治世方略与政治主张;近现代教师将生活空间从古代庙堂迁移到体制化学校以后,其对教育价值的专业性理解取代了原先的政治目的。

(二)教师是大众导向和标准导向的价值判断者

教师是社会主流文化的价值判断者,更多地是以大众导向或社会标准为导向的。大卫·理斯曼曾说:"如果他人导向者能发现以下事实,他就会更加注重自己的真实情感和抱负,第一,自己从事的不必要的工作实在太多;第二,自己的思想与生活和别人的一样有趣。"当今的教师在有机知识分子的角色加持下,对自身角色情境有清晰的定位,一改之前拘泥在自身限定中不能自拔的情况,其主动根据外部目标和评价标准调整自身,变得更加关注学生的真实发展和自我的价值的实现,他们更注重社会整体的发展,需要对社会变革的动因保持清晰的认识,知其然更知其所以然,如此才能清晰地把握教育及社会文化的未来发展方向,并以积极自由的态度促进教育变革及文化的发展。教师与社会成员之间的关系是一种双向的辩证关系。从理性元素向感官元素过渡、从感官元素向理性元素过渡的过程,共同缝合了理论与实践的鸿沟,实现了从理论到实践、从概念到行动的转变。

(三)教师是公共性的独立人格承载者

基于教师自身发展的表达,教师是独立人格的承载者,其具有公共有机性。葛兰西认为,人在社会发展中处于核心位置,先进的有机知识分子批判旧的意识形态并传播新的意识形态。有机知识分子应该"战胜形式精致的现代意识形态,以便组成自己独立的知识分子集团……教育在文化上还处于中世纪的人民大众"。[①]以此观之,教师作为社会关系和大众情感的代言人,传播主流文化,也肩负传播科学知识与普遍真理的使命,但作为有着依附性与归属感的群体,他们的所思、所言、所行又不能超越主流意识形态。从微观来说,知识是教师作为有机知识分子的第一步,独立人格是教师作为有机知识分子成长的第二份养料。第一,理论知识是教师的知识论基础。教师在教育场域进行的一切活动的基础都是建立在其知识结构之上,但知识存在于每个教师的心中,教师都要能够以自身的观念和经验为出发点建构对事实的不同认识。第二,独立人格是教师作为有机知识分子的人文品格。教师坚持知识价值的自由主义,还教育问题和教育本身以全貌,用科学的理性思维探索教育。

---

① 葛兰西.狱中札记[M].曹雷雨,姜丽,张跣,译.北京:中国社会科学出版社,2000:305.

(四)教师是反思意识深邃的批判行动者

教师是合格的行动批判者,其反思和质疑意识深邃,这是教师作为有机知识分子内在先进性的结果。用"人类的良心"来形容知识分子的神圣使命,无疑准确揭示了有机知识分子的核心特征。概而言之,有机知识分子除了拥有"精致的知识""人类的良心"之外,还应该充当"社会的眼睛",致力于守护社会和平和公平正义、增扩人类福祉,为人类的发展建功立业。而这一点与教师通常把自己的教书育人称为"良心的事业"有着共通之处。批判意识是教师成为知识分子的"锋利的矛"。在面对社会事务和教育公共问题时,老师应该用一种自我批判的态度,塑造出一种知识分子的精神内涵,培养他们的批判精神和独立性,让他们成为批判性的行动者。在教育批评中,我们必须借助教师的专业知识,对社会中存在的一些社会问题给予足够的关注。即使有着共同的知识背景,对于不同情境下的复杂场景,不同的教师反映的教育观念和提出的应对措施都是不同的,他们有着不同的教育背景和生长环境,对同一个事件的不同看法是正常的。但是这种冲突千万不可以忽略,只要处理得好,他可以作为积极有效的改进方式,避免固化思维,还会取得事半功倍的效果,合适的冲突如果被很好地对待,会给大家都带来很好的体验。

第二节 教师作为批判性思维教育者:为何与何为

一、为何:教师作为批判性思维教育者的意涵

在阿联酋召开的 2023 年世界政府峰会上,埃隆·马斯克在接受远程访谈时认为,在人工智能时代,教育最需要重视和培养的核心能力是批判性思维,并进一步主张在孩子们相对年轻的时候,就培养他们的批判性思维。马斯克的这一判断与观点无疑具有极强的前瞻性,非常值得重视。虽然近年来大众对"批判性思维"提及较多甚至耳熟能详,但对其真正内涵还需要审慎理解与把握。目前学术界对批判性思维有不同的定义,但仔细分析会发现这些定义都拥有某些共性的核心内涵,如质疑、谨慎、理性和开放的精神及其含义等。按照普遍接受的定义,"批判性思维是旨在决定我们信念和行动的合理的、反思性的思维"。[1]如果从日常生活的某一方面来理解其定义,就意味着行动主体要做与会做一个有逻辑、有深度思考和有理由的评判。具有批判性思维的人不会简单地接受其所看到的所有论点和结论,而

---

[1] 董毓.我们应该教什么样的批判性思维课程[J].工业和信息化教育,2014(3):36-42.

会对这些争论和结论持有疑问的"悬置"态度,并在其驱动下促使自己去寻找论点和结论更加优化的依据。

那么,在人工智能时代为什么批判性思维能力尤为重要?人工智能时代是一个大数据时代,更是一个信息泛滥的时代,海量即时信息的涌入造成的信息过载,大量真假信息同时呈现带来的信息辨别负担与价值含量差异巨大带来的价值选择与整合负担等,都会给教育和学习带来巨大的思维挑战,因此人们尤其需要具备批判性思维素养以面对挑战。例如,ChatGPT 提供的自然语言处理和聊天机器人技术可能会影响传统教育模式,学生可以通过与聊天机器人互动来获取信息并进行学习,而不必完全依赖于传统的课堂教学或教科书。然而,ChatGPT 尽管很像传统的搜索引擎,可以快速提供大量、丰富的学习信息,但它的回答并不都是科学和正确的。OpenAI 也承认 ChatGPT 有时会回复看似合理但并不正确,甚至有些荒谬的答案,因此教师与学生并不能完全信任它。还有研究者指出,OpenAI 上线 ChatGPT 时,其训练模型对 2021 年之后的世界的认知是有限的,对某些特殊人群的相关问题也知之甚少,尤其是对理科方面的内容掌握程度较低。此外,ChatGPT 无法与活跃的互联网相连接,无法从社交媒体中获取更有价值的信息,数据集存在封闭性,所以生成不正确的信息是可能的。[①]当类似 ChatGPT 的技术在未来应用到教育中进行辅助教学时,就更需要学生具备对信息的认识、分析、判断、选择的能力,即学生就更需要具备批判性思维。在人工智能时代,大数据和各种智能设备等将会更大程度地应用于教育与教学中,如果学生不加思考地完全接受智能机器发送的信息和数据,就会逐渐失去作为人的思考、辨别和推理的能力。在信息传播中,如果学生只关注特定的领域或者只停留在让自己觉得舒服且简单易懂的舒适区,久而久之,大数据便会记录学生的学习习惯并不断推送相似的学习内容,使学生陷入自我编织的"信息茧房"之中,从而逐渐丧失全面看待事物的能力。传统教育使学生更擅长背诵式学习,甚至是"死记硬背",而人工智能时代不再需要学生将大量的知识装进脑子里,死记硬背也不再是学生学习的重点,教育更重要的是让学生学会思考,让学生对知识进行理解、思考、运用,进而形成批判性思维。因此,人工智能时代,教师必须成为批判性思维教育者,以促进学生形成批判性思维。

二、何为:教师作为批判性思维教育者的表征

(一)人工智能时代,教师是批判性思维的自我反思者与学习实践者

"人工智能+教育"的发展使得教育的重点不再是"教书"传授知识,而是转向

[①] 王佑镁,王旦,梁炜怡,等."阿拉丁神灯"还是"潘多拉魔盒":ChatGPT 教育应用的潜能与风险[J].现代远程教育研究,2023,35(2):48-56.

"育人",这就要求教师由原来的知识型教师转向智慧型教师,而智慧型教师要求教师自身必须具备批判性思维。教师如果不能批判性地看待人工智能,那么迟早会被人工智能取代。这就意味着教师不仅要具备专业知识,还要在原有基础上积极主动地学习与人工智能相关的知识和技能,对众多自我学习的资源和信息进行评估、比较,批判性地分析这些资源和信息的有效性。教师要辩证地看待专业知识与人工智能知识之间的关系,去伪存真地进行适应性学习,在原有专业知识的基础上,学习人工智能时代的新知识和新技能,成为人工智能时代的新教师。同时,技术对教育的冲击也给教师带来了巨大的挑战,教师要主动接纳和了解人工智能,提高自身的批判性思维能力。

(二)人工智能时代,教师是学生批判性思维的培育者与训练者

在未来,类似元宇宙、ChatGPT等人工智能平台与技术的发展会越来越成熟,学生与人工智能之间的联系也会越来越紧密,学生对知识、信息的主动选择、评估、决策就显得更为重要。这要求学生具备批判性思维,成为信息的主动探索者和分析者,要了解知识产生的经验基础、方法和逻辑。因此,教师不仅要向学生传授知识,还要成为学生批判性思维的训练者,培养学生的逻辑思维、创新思维、推理论证思维能力等。教师还要培养学生的批判性思维态度与倾向,让学生承认具备批判性思维的重要性,进而影响学生的行为,使学生主动学习批判性思维的方法和技巧。教师通过批判性思维教育,引导学生认识到事物有着不同的侧面和解释,要学会多角度看待问题,而不是简单地相信权威。如果学生缺少这种理性精神的训练与引导,他们就会被事物的表象或者权威所迷惑。[①]在人工智能时代,个性化学习和"因材施教"会随着智能技术的发展逐渐变成现实。人工智能技术支持下的个性化教学可以依靠大数据精准判断学生的学习情况。但是如果人工智能教育的个性化方案仅仅是对大量冷冰冰的数据进行分析,而没有真正深入了解学生的兴趣、意愿、态度、动机及个体生命历程等,就会忽视学生的自主选择权与生命发展的主动权。因此,教师要训练学生利用批判性思维,根据大数据分析的结果进行符合自身个性化发展的反思,实现真正主体性与个性化的生命发展。

(三)人工智能时代,教师是学生批判性思维的终身学习与价值引导者

人工智能时代是一个终身学习的时代,随着人工智能的不断发展,学生学习的范围不断扩大至社会生活的各个层面,学生的学习不能仅仅停留在掌握知识的层

---

① 黄蔚,曹榕,齐媛,等.人工智能时代批判性思维能力的提升策略:思维图示的应用对小学生批判性思维能力提升的实证研究[J].中国电化教育,2019(10):102-108.

面,而应着力于提高批判性思维能力。①锻炼学生的批判性思维、提高学生的合作交流能力、信息素养和创造能力是人工智能时代的迫切需要,是学生终身发展应该具备的素质。学生时代正是世界观、人生观与价值观成型的关键时期,只有"三观"正确和厚实,学生才能最终成为一名合格的公民和真正的生活主体。在人工智能时代,如果学生缺乏思考、评估和决策信息的能力,那么庞杂无序的信息资讯与各种价值观的暗流都会影响学生"三观"的正确形成,从而对学生的终身发展产生严重的负面影响。这就要求教师在日常教学活动中渗透式地培养学生的批判性思维,学生只有学会辨别各种信息的真伪,才能形成正确的世界观、价值观与人生观。

第三节 教师作为数字移民:为何与何为

一、为何:教师作为数字移民的意涵

信息技术的发展改变了阅读的方式、信息的结构以及传播的范式数字化的社会环境正在逐渐形成。在此背景下,数字移民、数字土著和数字难民的概念构成了信息时代的"三个世界"。美国著名教育技术专家马克·普林斯基(Marc Prensky)于2001年首次提出数字移民和数字土著的概念,用以指代不同年代出生的数字产品用户在接纳、使用和管理数字技术方面的差异。②具体而言,数字移民是指出生在较早的时期,其生存的年代鲜有机会接触到与信息技术相关的课程或产品,当信息时代来临时,面对数字技术、数字文化、数字经济等数字环境,而表现出学习不顺畅或学习艰难的一类群体。数字移民虽然会像其他移民一样善于适应新的环境,但是其行为表现却"步履蹒跚",他们操着前数字时代的"浓厚口音",保留着过去学习习惯的"蛛丝马迹",如他们会将互联网作为资料收集的第二手段而非第一手段。数字土著也可称为数字原住民,数字难民则是指出生较早的一类人群,由于种种主观原因,无法或不使用数字技术,成为徘徊在"数字门槛"之外的"数字弃民"。数字难民大多是无法融入数字社会的老年人,他们将数字技术视为威胁性的生存环境,不仅自己选择逃离,还强烈反对数字移民和数字土著在数字社会中所作出的努力和付出。③与数字移民相比,数字难民的年龄均大于数字移民(即从未接触或极少接触网络的现阶段五六十岁以上的人群),其对网络的接纳度和认可度远低于数字移民。

---

① 张晓婧,丁明玉.人工智能时代的道德教育:机遇、挑战与对策[J].昆明理工大学学报(社会科学版),2023,23(2):119-126.
② PRENSKY M. Digital natives,digital immigrants. Part 1[J]. On the Horizon,2001,9(5):1-6.
③ 周琴.智慧赋能教师专业发展[M].重庆:西南师范大学出版社,2021:153.

出生于 20 世纪 80 年代之前的教师群体，对于信息技术的出现个使用需要有一个适应的过程，在教学过程中，他们不得不去学习掌握一些新的信息技术从而与信息原住民进行沟通，拉近彼此距离，是典型的数字移民。数字移民教师由于年龄以及心态的变化，在数字社会中拥有较少的自主权和主动权，这使得他们在数字化教学里处于"弱势地位"，其自我发展和教学水平均受到了限制。此外，数字化教学也使得传统的教育者和新式的学习者之间的关系发生了变化。

二、何为：教师作为数字移民的时代特征

（一）教师作为数字移民的个体自主性

教师作为数字移民的个体自主性是教师进行由信息技术参与的反思的主动性。以往教师以知识权威的形象自居，但随着大数据、云计算的来袭，催生了知识生产的草根化、知识传播的链接化和知识学习的平民化，从而消解了传统教育中教师的权威。若教师不去反思技术革新带来的知识迷思和教学困惑，那么这种因循守旧的做法不仅意味着教师的保守，同时还将成为影响教育发展的包袱。因此，教师作为数字移民要主动反思自我的出路问题，而这种由数字技术撬动的自我反思就是个体自主性的体现。

首先是自我反思的意欲。教师作为数字移民应具有强烈的自我反思意识，这是因为尽管数字技术的发展倒逼教师产生反思的意识，但由于数字技术的便捷性，极易产生从知识权威向技术权威转变的观念困境。因此，为了防止由技术膜拜产生的反思虚化，教师要增强自我反思的意识。

其次是自我反思的能力。比特传播的迅速性、泛在性和交互性，形塑了新的教学格局：知识样态从客观绝对走向灵活开放，师生关系从教师权威走向平等交往，教学环境从封闭狭窄的教室空间走向交互共享的生成空间。这不仅意味着教师作为数字移民需要反思的内容更丰富，同时对反思的能力要求更高。

最后是自我反思的行为。教师作为数字移民其反思行为的落实要体现在教学实践中。反思本身是一种省察，一种沟通内部自我与外部自我关系的省察，其中内部自我的活动表现为观念的思索，而外部自我活动表现为教学实践。前者决定了后者的表现，而后者又为前者的发生提供了立足点。

因此，教师要在思考数字化对知识形态、师生关系和教学空间变革的基础上，摒弃搬运知识、束缚学生和规限教学的做法，顺应数字化时代的发展，真正肩负起知识选择、角色下移和价值引领的实践使命。

（二）教师作为数字移民的社会互动性

教师作为数字移民的社会互动性是指在数字化时代，教师和学生之间以真实

情感为联结的互动性。以往教师权威地位的存在主要体现为知识占有、道德灌输、教学控制等方面,师生之间的互动表现为一种权威—顺从的关系,而在数字化时代,海量的学习资源和多渠道的知识获取方式,消解了教师的霸权主义存在样态,让学生从对教师的依赖中解脱出来,促使二者之间等级性的师生关系转型为师生间真正的交往。

教师作为数字移民的社会互动性主要表现在以信息技术为媒介的交往行为上。交往行为强调在相互理解的基础上,教师与学生通过数字技术寻求沟通,将二者的行为计划与行为实践以协商的形式建立的一种真实的人际关系。教师作为数字移民的交往行为,强调在由技术媒介构筑的开放空间中教师与学生的沟通与对话,而这一行为得以建立的前提是彼此的相互理解。若要实现相互理解,首先要意识到传播技术的突进式发展依托于科学主义的进步,在此背景下,师生之间的互动极易产生权衡利弊的目的行为、孤立彼此的规范行为和假借情感的戏剧行为,由此则需要教师发自内心地对自我与学生生命价值与情感的认可,即教师情感的真诚流露和真实生发,依此实现相互理解和平等对待,这是促使交往行为的发生得以可能的必要条件。

这种交往行为使得教师的教学计划和教学实践通过与学生的对话与融通,实现平等的知识教学、感召的道德教化和民主的人格认知,从而建立起真实的师生关系。由此,教师作为数字移民实现了从权威宰制、道德灌输、控制屈从走向平等对话、魅力感召、谅解尊重的社会互动。

(三)教师作为数字移民的技术共生性

教师作为数字移民的技术共生性是指教师对技术的主动性与技术对教师的受动性之间的相融共生。以往教师处理与技术的关系,常常受制于二元论的"控制"与"被控制"的偏见之中,体现为要么将技术当作实现教学目标的手段,而彰显出教师理性的优越性,要么是教师没有掌握技术运用的能力,出现而由技术反叛导致教师被奴役的现象。而今以丰富性和精准性、交互性和智能性等特点交织而成的数字技术将教师卷进了由信息架构的网络空间中,引发了教师对技术认知和技术运用的连锁式变革,教师作为数字移民需要探寻教师与技术的共在问题,即教师通过与技术的相融共生消解二者之间的双向异化问题。

首先,教师对技术的主动性体现为对技术使用的主动性。在信息技术的运用阶段,教师为了特定的教学目标而组织和管理教学行为,对技术最优规则的运用符应具体的教学环境,这种目的性教学体现了由技术所牵涉的人性,是人的本质力量的外化。

其次,技术对教师的受动性是指技术对教师行为的制约。人类的技术发明都是受到规律指导的,因此信息技术一旦被创造出来,就会成为一种理性规则。根据这种规则行事,可以使教师的教学行为得以优化,在教学行为的选择过程中,特定的教学行为要通过信息技术进行确定、加以选择,以便排除不合理的或者极具冒险的行为模式,而这一技术因为能够评估或者判断教学活动的合理性、比较教学成本与教学效果,因而被认为是最佳或高效教学行为选择模式中用以形成优化模式的一种规则系统,这是技术受动性的体现。

最后,教师与技术间的互融共生。这种互融共生不是物理空间的共在关系,而是以学生发展为共同目标,主动性与受动性相互补充,利用技术的优势凸显人的主体性和本质力量,实现人与技术的合理分工与恰当合作,进而消解技术与人的二元对立。

【拓展阅读】

人工智能时代教师角色的转变方向

每一次技术的革新,都会推动科技的进步,也让教育事业迎来新的契机。人工智能时代,智能技术在教育中的广泛应用已经成为现实。人工智能以开放性、互动性、全球性、个性化的特点,改变着教育的生态,同时也引发了教师角色的颠覆性变化。总体来看,人工智能时代教师角色主要向参与者、导学者、服务者和研究者四个方向转变。

1. 由"管理者"向"参与者"方向转变

在传统的班级授课制教学模式中,教师是整个教学活动的管理者,一切教学内容、学习任务学时进度教学方式等都围绕着教师的安排来进行。而学生是被管理者,进行统一的练习和测评。随着5G网络的大规模覆盖,以其高带宽、低延时的特征能够将教育终端设备快速连接到互联网,使数据实时同步呈现。人工智能在复杂多样的教学环境中感知智能设备智能化获取分析预测教育过程数据,助教师高效完成教学管理课堂管理评测管理等工作,提升教师管理工作的科学性。

在智能时代的教学中,教师作为教学过程管理者的身份淡化,转为学习活动的参与者。教师以平等的身份进入到学生的学习世界中,共同研究问题分享自己对问题的思考、想法和领悟,同时也倾听学生的观点和看法,与学生互教互学寓教于乐,使学生的思维不受知识边界的禁锢,更好地培养他们新创造的思维能力。

2. 由"教学者"向"导学者"方向转变

在人工智能时代,教师从专家型"教学者"转向辅助型"导学者",实现从单向灌输到辅助引导方面转化。一方面,教师"传道授业""解惑"的角色由人工智能替代,人工智能作为数百年人类文化演进中科学技术的结晶,有远超过人类的巨量知识储备强大的计算分析和数据处理能力,它在海量的教育资数据库中提取信息,智能化生成教案课件和讲课视频帮助教师完成教学工作。另一方面,随着"处处能学,时时可学"的学习型社会的到来,泛在学习已经变为现实。以"慕课"为代表的在线教育风靡全球,课堂和外部世界的"围墙"被打破,学习者可以在任何时间、任何地点进行学习。

教师教什么、学生就学什么的时代已经过去。在智能环境下,学生主要借助于智能载体和互联网平台完成知识的学习。因此,教师的工作重心发生了变化。教师已经不限于知识传授的"教学者",而是有效介入学生学习的"导学者",帮助他们有效地设计学习策略并提供具有挑战性的任务和支架,让学生能够在"最近发展区"的潜在发展水平上前进。教师更加注重学生知识的建构和学习行为的优化,为每个学生的学习提供积极性支持,促进深层次学习的发生。

3. 由"监督者"向"服务者"方向转变

一直以来,教师以多种形式监督学生学习。比如以课堂提问,小组讨论组间论的方式引领学生参与课堂学习,用课后测试和阶段性测试等方式监督学生的学习效果。随着智能技术和教育的融合,智能设备已经全方位应用于教学中:全触摸式智能屏幕代替了粉尘飞扬的黑板,交互式智能课桌为学生知识交流提供了现代化的方式,电子书包用于多种教学场景模式,无线摄像头为教室内部的实时情况提供数据支持。这些智能设备辅助教师监测学生的学习情况,同时也为教学提供了丰富的应用场景。

随着教育与经济社会发展的联系逐渐加强,国家和社会对人才的期望不断提升。教师需要适应时代变化转变为提高学生综合素质与能力结构的服务者培养全面发展且包容个性的学生。教师角色由"监督者"向"服务者"转变,教师更多的是以欣赏的眼光看待学生,根据每位学生的个人理想、兴趣爱好、能力特点等现实因素,挖掘学生的潜能,为学生知识和智慧的增长提供个性化服务。

4. 由"权威者"向"研究者"方向转变

美国文化人类学家玛格丽特·米德在《文化与承诺一项有关代沟问题的研究》一书中提出"后喻文化"晚辈超越长辈成为先进文化所有者长辈向晚辈学习的一种文化传递方式。尤其在当今快速变迁的社会文化中,面对着新规则、新事物的不断涌现,学生作为长期生活在互联网环境下的"数字原住民",他们对新潮的观念、新兴的事物有着天然的接受力。当人工智能走进课堂,学生凭借智能系统广泛汲取传统价值体系中得不到整合的信息以及前沿知识,教师和学生之间的知识鸿沟逐渐缩小,甚至出现一种"文化反哺"的现象,即教师向学生进行文化吸收的过程。

在"后喻文化"主导的课堂环境中,教师知识权威主体的角色逐渐边缘化,教师由"知识主体的权威者"转变为"教育实践的研究者"。教师结合自身的教学经历,积极开展教育实证研究,更加系统地思考与教有关的方面,比如反思教学观念改进教学实践转变工作范式审视教学行为等,进一步优化与实施课堂教育工作。研究者的角色意味着教师更加重视学生的深度学习,引导他们从知识的广度向文化的深度进阶,从而进一步提高教育教学的整体质量。

资料来源:钱海燕,杨成,吉晨子.人工智能时代教师角色的审视[J].中国教育信息化,2021(21):33-38.

本 章 小 结

  随着互联网、大数据、云计算等新兴技术的发展,人工智能与教育的深度融合成为一种必然。处在人工智能时代的教师角色面临着严峻的挑战,倒逼教师在适应人工智能时代教育模式的同时,也重塑了教师的角色。通过本章的学习,我们可以了解到教育理论前沿中教师角色的变革。首先,教师应是有机知识分子,他们是社会代表者、价值判断者、独立人格承载者和行动批判者。其次,教师应该是批判性思维的教育者,他们是批判性思维的自我反思者与学习实践者、学生批判性思维的培育者与训练者、学生批判性思维的终身学习与价值引导者。最后,教师是典型的数字移民,具有个体自主性、社会互动性与技术共生性。

思考题
(1) 简述教师为何是有机知识分子。
(2) 教师作为批判性思维的教育者的表征是什么?
(3) 如何理解教师作为数字移民的时代特征。

参 考 文 献

[1] 李艳红.小学教师专业发展研究[M].长沙:湖南大学出版社,2021.
[2] 蒋纯焦.中国传统教师文化趣探[M].上海:上海人民出版社,2012.
[3] 肖黎明.新时代教师专业发展[M].南昌:江西高校出版社,2020.
[4] 徐继存,车丽娜.课程与教学论问题的时代澄明[M].济南:山东教育出版社,2008.
[5] 赵炳辉.教师学[M].合肥:中国科学技术大学出版社,2007.
[6] 周晓红.教师学与教学论[M].长春:东北师范大学出版社,2001.
[7] 朱洪翠.行动研究与教师专业发展[M].北京:中国轻工业出版社,2021.
[8] 朱小蔓.课程德育论[M].北京:人民教育出版社,2010.
[9] 朱旭东,宋萑.新时代中国教师队伍建设的顶层设计[M].北京:北京师范大学出版社,2018.
[10] 于漪.现代教师学概论[M].上海:上海教育出版社,2001.
[11] 叶澜,白益民,王枬,等.教师角色与教师发展新探[M].北京:教育科学出版社,2001.
[12] 王毓珣.教育学视角下的未来学校[M].上海:华东师范大学出版社,2020.
[13] 魏建培.教师学基础[M].北京:清华大学出版社,2011.
[14] 吉鲁.教师作为知识分子:迈向批判教育学[M].朱红文,译.北京:教育科学出版社,2008.
[15] 卢梭.爱弥儿[M].李平沤,译.北京:商务印书馆,2011.
[16] 雅斯贝尔斯作.什么是教育[M].童可依,译.北京:生活·读书·新知三联书店,2021.
[17] 赫尔巴特.普通教育学[M].李其龙,译.北京:人民教育出版社,2015.
[18] 赫尔巴特.教育学讲授纲要[M].李其龙,译.北京:人民教育出版社,2015.
[19] 苏霍姆林斯基.帕夫雷什中学[M].赵玮,王义高,蔡兴文,等译.北京:教育科学出版社,2022.
[20] 洛克.教育漫话[M].徐大建,译.上海:上海人民出版社,2014.
[21] 中华人民共和国教育部.中华人民共和国教育法[EB/OL].(1994-01-01). http://www.moe.gov.cn/jyb_sjzl/sjzl_zcfg/zcfg_jyfl/tnull_1314.html.
[22] 中华人民共和国中央人民政府.中华人民共和国义务教育法[EB/OL].(2006-09-01). https://www.gov.cn/guoqing/2021-10/29/content_5647617.htm.
[23] 教育部,中国教科文卫体工会全国委员会.教育部 中国教科文卫体工会全国委员会关于重新修订和印发《中小学教师职业道德规范》的通知[EB/OL].(2008-09-01). http://www.moe.gov.cn/srcsite/A10/s7002/200809/t20080901_145824.html.

［24］ 新华社.中共中央 国务院关于全面深化新时代教师队伍建设改革的意见［EB/OL］.(2018-01-31). https://www.gov.cn/zhengce/2018-01/31/content_5262659.htm.

［25］ 中华人民共和国教育部.教育部关于印发《新时代高校教师职业行为十项准则》《新时代中小学教师职业行为十项准则》《新时代幼儿园教师职业行为十项准则》的通知［EB/OL］.(2018-11-14). http://www.moe.gov.cn/srcsite/A10/s7002/201811/t20181115_354921.html.